KB200624

내려놓음

내려놓음

내 인생의
가장 행복한
결심

이용규

규장

내려놓음,
15년 후의 이야기

《내려놓음》이 준 선한 영향력

《내려놓음》이 한국에서 출간된 지 올해로 15년이 되었다. 지금까지 76만 부 이상 판매되었고, 후속작인 《더 내려놓음》과 《같이 걷기》까지 포함하면 120만 부가량 나갔다. 한국 기독 출판계에 한국인 기독 작가의 책으로는 근 20년간 가장 많이 팔린 책으로 기록되었다. 나는 기독인뿐 아니라 많은 비기독인이 이 책을 읽고 지인에게 추천했다는 이야기를 전해 들었다.

또한 중국어 역본 《放下, Fang-xia》, 몽골어 역본 《Tengert Khariyalaltai Nuudelchid, 천국 유목민》, 인도네시아어 역본 《Berserah》 그리고 영어 번역본 《Surrender》가 나와 전 세계인들이 읽게 되었다.

처음 하나님께서 책을 써야 한다는 부담을 주셨을 때는 혹 내가 책을 낸다 해도 거의 팔리지 않을 거라고 생각했다. 무명의 선교사가 쓴 개인사에 관심을 기울일 사람이 있을까 싶었기 때문이다. 하지만 책이 출간되고 나서 엄청난 일들이 진행되기 시작했다.

선교지에서 선교사들을 만나면 《내려놓음》이 그들이 선교 헌신을 고민하던 시기에 중요한 역할을 했다는 이야기를 듣곤 했다. 아울러 불신자가 책을 통해 하나님을 만났다는 사연도 들었다. 또 미지근한 신앙생활을 하던 사람이 변화되는 계기가 되었다는 고백을 이메일로 접했다.

시카고에서 만난 한 탈북자는 태국 수용소에 있을 때 내 책을 읽고 하나님을 만났다고 말했다. 나는 갈 수 없는 곳에 책은 갈 수 있었다. 또 어떤 이는 중국에서 지사 근무를 하다가 좌천되어 사표를 쓰려다가 기차 여행길에 《내려놓음》을 읽고서 낮은 마음으로 열심히 일하여 다시 회사의 중역으로 성장할 수 있었다고 간증했다.

아울러 K-pop 스타나 한국의 유명인사들이 이 책을 통해 새로운 변화를 경험했다고 방송 중에 말하는 경우도 있었다. 발라드 가수 이수영 씨는 '내려놓음'이라는 제목으로 앨범을 냈다고 들었다. 또 H.O.T.의 멤버였던 토니안 씨는 우울증과 대인

기피증에 걸려 술에 의지하며 살다가 자살을 기도하기도 했는데 한 지인의 소개로 책을 읽고 심경의 변화가 일어났다고 고백했다(이후 미국 영주권을 포기하고 한국 군대에 입대하여 복무를 마치고 새로운 삶을 살게 되었다고 한다).

이 모든 일은 내가 계획한 것도 아니고, 계획한다고 해서 이루어질 일도 아니었다. 그저 하나님의 순전한 인도하심에 순종하여 나 자신을 맡겼을 뿐인데 나뿐 아니라 나와 연결된 많은 사람이 하나님을 더 충만히 누릴 수 있었다.

《내려놓음》 출간 이후의 여정

책을 출간한 이후 이처럼 뜻밖의 반응을 경험하며 나는 두려웠다. 삼십 대 젊은 나이에 너무 큰 파장을 일으켰다는 생각이 들었다. 그래서 한동안 책을 읽을 엄두가 나지 않았다. 그러다 12년이 지난 즈음에 영문판을 준비하면서 다시 꺼내 읽었다.

그리고 감사하게도 그때의 고백과 지금의 고백이 일치함을 깨달았다. 2006년 내려놓음의 고백 후 15년 동안 선교지에서 살면서 나와 우리 가정이 여전히 같은 방향을 향해 가고 있음을 확인하는 시간이었다.

그동안 우리 가정에도 많은 변화가 있었다. 동연과 서연 남매 아래로 두 아들 하연과 정연이 태어났다. 그리고 2011년 새로

운 사역으로 인도하심을 받고 몽골을 떠나 2012년부터 이슬람
권인 인도네시아의 수도권 지역에서 사역하게 되었다.

이런 변화 가운데 '내려놓음 시리즈'로 시작된 내 영적 성찰의
여정은 《떠남》, 《기대》, 《가정, 내 어드림》 그리고 《부활》의 출
간으로 이어졌다. 사실 나는 몽골에서 내 선교 사역이 마무리될
거라고 생각했다.

하지만 하나님은 다른 계획을 갖고 계셨다. 첫 책에서 고백한
'나그네의 삶'을 인도네시아에서 계속 살게 하셨다. 이 책의 3부
에서 열거했던 몽골 사역을 위해 하고 싶은 소망들은 몽골이 아
닌 인도네시아에서 해야 할 일이 되었다.

현재는 인도네시아 수도 자카르타의 위성도시에 거주하며 자
카르타 국제대학교를 세우고 성장시키는 일을 맡고 있고, 코너
스톤 글로벌아카데미(기독 초·중·고교)와 무띠아라('진주'라는 뜻)
유치원을 설립, 운영하고 있다. 몽골에서 시작한 교육 사역이 인
도네시아에서 꽃피우는 걸 보고 있다.

내려놓음의 성경적 의미

이 책을 처음 썼을 때는 다른 제목을 생각했다. 그런데 출판
사에서 '내려놓음'이라는 제목을 제안했다. 내가 처음부터 생각
하며 쓴 게 아니었기에 책에서 '내려놓음'에 대해 정의하고 시작

하지 못했다. 본문에 내려놓는다는 표현을 자주 사용하기는 했지만 '성경적 내려놓음'이 무엇인지 그 개념을 정리하거나 정의 내리지는 못했다.

그래서 많은 독자가 성경에서 말하는 내려놓음을 불교의 무소유와 유교의 청빈 사상과 비슷한 것으로 착각하는 경우가 많았다. 어느 교회 집회에서 한 청중이 내게 질문했다.

"선교사님은 내려놓을 게 있었겠지만 저는 내려놓을 게 없어요. 다른 사람들에게 내세울 것도, 가진 것도 없거든요. 제가 무얼 내려놓을 수 있을까요?"

성경적 내려놓음은 무언가를 이루기 위해 열심히 노력하고, 성취한 후에 그것을 과감히 포기하는 걸 의미하지 않는다. 한마디로 말하면, '내 삶의 주도권을 하나님께 양도하는 과정'이다. 내 삶의 필요를 스스로 채우려는 노력을 포기함을 의미한다. 즉 하나님의 인도하심에 자신을 온전히 맡기는 과정이다.

이것은 자신의 삶은 자신이 책임져야 한다고 믿는 현대인들에게는 벼랑 끝까지 가보는 모험처럼 생각될지도 모른다. 그런 의미에서 내려놓음의 결단은 목자를 따라 사망의 음침한 골짜기를 지나는 삶의 여정을 포함한다.

또 다른 표현으로는 '자신의 우상을 무너뜨리고 중독에서 벗어나는 과정'이기도 하다. 우리는 삶에서 어떤 충격이나 아픔을 겪으면 그것에서 벗어나 결핍을 채우려고 무언가에 집착한다. 그 결과로 그 존재 없이는 삶을 영위할 수 없는 상태가 된다. 이 것이 바로 중독이다. 삶의 의미와 안정감과 자존감을 얻기 위해 집착하게 하고, 그것 없이는 자신의 삶이 의미가 없다고 느끼게 만드는 게 우상이다.

이 책의 중반부에 우리가 내려놓아야 할 것들을 열거하는데, 그것이 바로 우상들이다. 물론 하나님은 우리의 필요를 너무나 잘 아신다. 우리에게 풍성하게 부어주기를 원하시는 게 그분의 본심이다. 그럼에도 하나님께서 우리가 이런 것들을 내려놓기 원하시는 이유는 그것들에 우리가 집착하면 그것들이 우리를 속 박하고 죄에 빠뜨리며 관계를 파괴하기 때문이다.

우리 내면에는 하나님으로만 채워지는 빈 공간이 있다. 우 리는 종종 하나님과의 관계에서 흘러나오는 풍성함으로 그곳 을 채우기보다 눈에 보이고 쉽게 잡을 수 있을 것 같은 우상으 로 대체한다. 따라서 내려놓음은 우선순위를 올바로 정하는 것 이기도 하다. 즉 가장 좋은 것을 붙잡는 과정이다. 다시 말하면 선하신 하나님을 선택하는 삶이다.

내려놓으며 사는 삶은 모든 걸 포기하는 과정이 아니라 하나 님과의 관계를 우선순위에 두는 삶을 말한다. 하나님께 붙들려 그분께 순종하며 사는 삶이다. 그 과정 가운데 하나님은 우리를 푸른 초장으로 인도하시며 풍성함으로 채워가신다. 우리가 더 이상 다른 것에 속박되지 않으면 하나님께서 선하고 좋은 것으로 우리 삶을 채우고자 하시는 그분의 열망을 스스로 제한하지 않으실 것이다.

이 책의 후속작인 《더 내려놓음》에서는 내려놓음을 '자아를 십자가에 못 박는 과정'으로 설명했다. 이는 자기애와 자기 의를 내려놓는 과정이다. 그러나 우리의 노력으로는 더 좋은 사람이 되거나 잘 내려놓는 사람이 될 수 없다. 우리는 하나님으로 채워지는 만큼 내려놓을 수 있다. 앞서 말했듯 우리가 하나님으로 채워지지 않으면 무언가에 집착하게 되기 때문이다.

이 책에서 하나님 한 분으로 만족하는 삶을 자주 이야기했던 이유는, 그것만이 우리가 우상을 내려놓을 유일한 방법이기 때문이었다. 하나님 한 분으로 만족하는 것과 내려놓음은 신앙생활의 두 날개, 또는 수레의 두 바퀴와 같다. 두 날개는 동시에 날갯짓할 때 비상할 수 있고, 두 바퀴가 함께 굴러야 안정적으로 앞으로 나아갈 수 있다.

책에 남겨진 질문에 대한 또 하나의 답

이 책을 처음 쓸 때는 모든 내용이 진행 중인 상태에서 집필을 마무리했다. 이제 삶에서 15년이라는 한 사이클을 돌고 나니 당시 질문으로 남았던 삶의 문제들에 답이 주어졌다. 책에 하나님께서 유학을 앞두고 전공을 드라마틱하게 바꾸게 하신 간증이 있다. 몽골에 머무는 동안 나는 왜 이슬람 역사를 공부해야 했는지 부분적인 답만을 얻었다. 그러나 세계 최대의 무슬림 인구를 가진 인도네시아로 가면서 하나님의 큰 그림을 깨달았다. 먼저 순종하고 나서 15년이 지난 후에 얻은 답이었다.

또한 아내가 몽골영양개선연구소의 소장으로 섬기면서 초등학교 급식 프로젝트를 시작하는 일을 맡은 이야기도 나눈 바 있다. 아내는 이 일을 진행하면서 몽골 공무원의 비협조적인 태도와 여러 장벽 때문에 힘들어했었다. 자신이 하는 일이 어떤 의미가 있는지 이해할 수 없다고 했다.

그런데 아내가 몽골을 떠난 후 후임 사역자들이 이 사역을 계속 진행했고, 드디어 2019년에 몽골 정부가 초중고 급식을 법제화했다는 소식을 들었다. 또한 아내와 함께했던 연구원들은 국립과학기술대학교의 학장과 학과장으로 성장해 있었다. 때가 되어 아내가 시작한 일이 열매 맺는 걸 보게 되었다. 당시는 갈바를 알지 못한 채 주어진 일에 헌신했을 뿐인데 하나님은 그 작은 시작을 통해 몽골의 제도와 학생들의 건강에 큰 영향을 미치는 결과를 주셨다.

몽골을 떠나며 하나님께서 내게 당분간 몽골 이레교회 지체들과 연락을 중단하기를 원하신다는 마음을 주셨다. 나는 순종하는 마음으로 그들과 일절 연락하지 않고 지냈다. 그러던 중 2019년에 호주 시드니를 집회차 방문했을 때였다.

그때 이레교회 청년부 출신 몇몇 지체에게서 이메일을 받았다. 남편과 선교사로 헌신해서 시드니 신학교에서 훈련을 받는 어뜨거와 한 대학에서 공부하고 있는 두 자매가 나를 만나기를 원했다. 그들을 만나면서 해외에서 공부하거나 일하는 이레교회 출신 지체들을 떠올려보았다.

그중 고아이며 소녀 가장이었던 사우가는 결혼해서 네 아이를 낳고 한국에서 유학하며 한국어 교육 석사학위를 받았다. 벌러르마는 몽골 정부의 통역관이 되어 남편과 한국에서 근무하고 있다. 내가 몽골에 있을 당시 그들의 상황으로는 상상하기 어려웠던 꿈이 현실이 되었음을 보았다.

청년부 지체였던 툭수는 몽골에서 목회자가 되어 여러 교회를 개척했고, 처거는 미국 선교사와 결혼하여 선교 사역을 돕고 있다. 또 중국에서 몽골 국제대의 중국인 유학생이었던 한 청년을 다시 만났는데, 그는 유치원을 운영하고 있었다. 수많은 몽골 국제대 졸업생이 미국에서 유학하거나 일하고 있다. 물론 더 시간이 지나야 분명해지겠지만 결국 내가 걸어온 길을 이들도 같이 걸어가고 있음을 본다.

이레교회 청년들은 너무나 가난하고 어려운 환경 속에서 살았다. 그들에게 무언가 도움을 주고 싶었지만 도울 수 없는 나 자신의 한계 때문에 마음이 힘들기도 했다. 그런데 돌아보니 그들은 학교와 교회를 통해 꿈을 갖게 되었고, 여러 나라에서 하나님의 인도하심 가운데 자신의 삶을 개척하고 있었다.

내가 그들에게 준 가장 좋은 선물은 바로 내 삶에서 경험한 하나님을 나누어주고 본을 보여준 거라는 사실을 깨달았다. 당시 중고등학생 또는 대학생이었던 그들이 내 삶에 역사하신 하나님의 이야기를 들었고, 자신들도 그 인도하심 가운데 길을 찾을 수 있다고 믿고 한 걸음씩 나아간 거였다.

우리는 모든 결말을 다 알고 걸어가는 게 아니다. 하지만 하나님의 선하신 손길에 인생을 맡기면 그 발걸음이 가벼울 것이다. 또한 그 과정에서 나 자신이 한 번도 꿈꿀 수 없었던 놀라운 하나님의 계획이 이루어짐을 맛볼 것이다.

단, 그 결과나 성취의 여부가 인생의 목표가 된다면 초점을 잃는다. 그렇기에 우리의 시선은 항상 우리와 함께하기 원하시는 그분의 손길에 머물러야 한다. 이것이 이 책을 쓰고 난 이후 그 삶을 계속 걸어가 본 나의 고백이다.

내가 비워지고
하나님으로 채워지는 삶

    이 책의 내용을 다듬고 있던 어느 날, 내가 몽골에서 섬기는 이레교회의 한 자매와 길을 가며 대화를 나눴다. '비너스'라는 뜻의 이름을 가진 철몽 자매는 일어일문학과 졸업생으로 일본 유학을 준비 중이었다. 그런데 얼마 전 유학의 꿈이 깨져서 힘들어한다는 말을 들어서 마음이 힘들지 않냐고 물었다. 그런데 예수님을 영접한 지 8개월이 조금 넘은 자매가 깜짝 놀랄 대답을 했다.

    "저는 하나님 앞에 다 내려놓았어요. 그분께 처음부터 다시 물으며 새로 시작할 거예요."

지난 몇 주간 동안 '하나님께 내려놓고 맡기는 삶'을 교인들에게 설교했는데, 철몽은 그것을 삶에 적용하려고 애쓰고 있었다. 그녀를 보며 내 마음에 소망이 일었다. 이제 막 신앙생활을 시작한 사람도 하나님께 내려놓는 삶을 살 수 있음을 알았기 때문이었다.

내려놓는 삶은 한마디로 '온유함을 이루는 삶'이다. 흔히 온유한 자를 미약하고 온순하며 저항하지 못하는 자로 이해한다. 하지만 예수님은 온유하셨지만 바리새인이나 성전 지도자들을 강하게 꾸짖으시거나 전통과 관습의 압박, 세상 유혹이나 권력자의 압력에 굴하지 않는 강인한 모습도 보이셨다.

이것이 성경에서 말하는 진정한 온유한 자의 모습이다. 예수님은 산상수훈을 통해 자신의 성품을 대표하는 여덟 가지 복된 성품을 나열하시면서 온유한 자는 복이 있어 땅을 소유할 거라고 말씀하신다.

'온유'의 그리스 원어는 '통제된 힘'이라는 의미이다. 예를 들면 몽골에서 흔히 접할 수 있는 말은 관광지의 비루먹고 늙어 힘없이 터벅터벅 걷는 모습이 아니라 유목민에게 길들어 강인하며 날렵하게 달리는 모습이다. 힘이 넘치지만 그 힘이 말을 잘 다루는 기수의 조정에 따라 통제되어 기수가 고삐를 트는 방향으로 힘을 분출하는 게 바로 '온유'이다.

시편 37편에서 기자는 온유한 자 외에 '주의 복을 받은 자', '의인', '여호와를 바라고 그 도를 지키는 자'가 모두 땅을 차지한다고 말한다. 예수님은 이 모두를 요약하여 '온유한 자'로 묶으셨다. 즉, 내 속사람이 죽고 하나님의 거룩한 소원으로 채워져서 하나님이 원하시는 모습으로 사는 자이다.

그러므로 하나님이 내 삶의 주인이 되실 때, 온유함의 성품을 덧입고 살아갈 수 있다. "네 길을 여호와께 맡기라"(시 37:5) 또한 우리 길을 하나님 앞에 내려놓아야 온유함의 길을 걸을 수 있다는 의미다. 여기서 내려놓음은 '나를 비우고 하나님께 맡기는 삶의 결단'이라고 할 수 있다.

내가 비워지고 하나님으로 채워지는 삶이 '땅'을 차지하는 삶이다. 여기서 땅을 구한다는 건 하나님의 영역을 추구함으로 이해할 수 있다. 하나님의 뜻이 나를 주관하면 삶의 영역 가운데 하나님의 순결한 영이 부어지며 그분의 축복의 통로로 쓰임 받는다. 또한 하나님의 선한 영향력이 우리를 거쳐서 주변으로 확산된다. 이처럼 하나님으로 채움 받은 사람을 통해 하나님께서 하나님나라를 넓히시고, 그분의 영역을 세상 가운데 확장시키신다.

영적 세계에서 '비움'은 채우기 위한 전제 조건이다. 우리가 우리 것을 내려놓는 궁극적 이유는 하나님의 신령한 것으로 채우기 위함이다. 내 속의 옛사람이 죽고 그리스도께서 내 안에 사실 때 비로소 진정한 성령의 능력이 나타난다. 그리고 이를 통해 죽은 영혼이 소생하며 하나님나라가 확장된다.

내 욕구와 계획과 자아를 하나님께 의탁하면 하나님께서 그분의 영을 내 안에 부으시고, 나로 주님 안에서 충만한 자로 세우셔서 내가 일하게 하신다. 이 글은 내 삶 가운데 역사하신 하나님을 증거하기 위해 썼다. 내 것을 내려놓게 된 과정과 그 이

후에 나타난 하나님의 놀라운 역사하심을 나누려 한다.

또한 이 책은 내 경험이 공유되고 또 공감되는 장이 될 것이다. 내 삶 가운데 누린 놀라운 진리의 많은 부분을 이미 많은 독자도 체험했을 것이다. 혹 어떤 독자는 이 글에서 언급한 항목 가운데 아직 내려놓지 않은 특정 부분 때문에 힘들어할지도 모른다.

나는 한국 교회나 코스타(KOSTA, 유학생들을 위한 수련회)에서 강의나 간증을 하면서 한 가지 경험을 했다. 하나님의 음성을 듣고 그 말씀에 순종하며 사는 삶을 나눌 때, 청중이 잘 이해하지 못하는 경우가 많았다. 우리가 단순히 말씀을 듣는 것으로 끝내고 순종하지 않으면 순종이 주는 유익 또한 경험하지 못한다.

이 책에서 나는 하나님의 말씀을 듣고 순종했던 삶의 현장을 나눌 것이다. 특히 3부의 '광야일기'는 당시 기록을 그대로 담아 그때의 감정과 신앙고백을 생생하게 전하고자 했다.

나는 이레교회에서 말씀을 전할 때, 늘 그 주간의 내 삶을 예화로 인용했다. 삶으로 하는 설교는 설교자와 교인을 함께 성장시키기 때문이다. 교인들과 설교를 통해 만나는 것처럼 이 책의 독자들과도 대화하고 싶다. 하지만 이 과정에서 나는 가려지고 내 삶 속에서 일하시는 하나님만 드러나시기를 바란다.

CONTENTS ● ● ●

PART 2
가장 좋은 것을
붙들기 위한 내려놓음

PART 3
내려놓을수록
가득해지는 천국 노마드

복의 통로,
광야로의 부르심

PART 1

하나님은
왜 내려놓으라고 하실까?

인생의 백지수표

2005년 북경 코스타에서 내가 간증을 마쳤을 때, 한 자매가 다가와 물었다.

"어떻게 해야 선교사님처럼 하나님 말씀을 들으며 살 수 있지요?"

한마디로 설명하기 쉽지 않은 주제였다. 하지만 짧은 시간에 전달해야 했기에 딱 한 가지만 설명했다.

"하나님은 우리에게 말씀하기를 원하세요. 주님은 '내 양은 목자의 음성을 듣는다'라고 하셨지요. 하지만 우리의 안테나가 주님으로부터 오는 소리를 잡기에는 너무 약해서 들을 수 없는 거예요. 안테나를 세우는 방법을 한 가지만 말한다면 '주님, 제게 말씀하십시오. 제가 듣고 순종하겠습니다'라고 기도하는 것입니다. 백 퍼센트 주님의 말씀에 순종하겠다는 결단 없이는 음성을 듣고 분별하지 못합니다. 우리는 많은 경우, '하나님, 일단 말씀해보세요. 들어보고 좋으면 그대로 하고요. 제 생각이 더 나으면 그때 봐서 절충하지요'라는 자세로 하나님의 뜻을 구하지요. 우리가 인생의 백지수표에 서명해서 주님께 넘겨드리기 전까지는 하나님의 뜻을 듣고 분별하는 걸 기대하긴 어렵습니다."

우리가 하나님께 묻지 않는 이유는 그분으로부터 들으려 하지 않기 때문이며, 듣지 못하는 이유는 순종하려 하지 않기 때문이다. 우리의 인생 계획표를 백지인 채로 하나님께 넘겨드리기를 주저한다. 대신 하나님께서 우리가 작성한 계획표를 보시고 결재해주시길 바란다. 마치 사장실 문 앞에서 결재 서류를 들고 조마조마하게 기다리는 직원들처럼…. 우리가 인생 계획을 하나님께 맡기지 못하는 이유는 그분을 신뢰하지 못하기 때문이다.

사단은 하나님의 성품에 대해 우리에게 거짓말을 한다.

"하나님께 네 인생을 거는 순간부터 너는 망하는 거야."

"인생의 재미를 보는 건 이제 끝이야."

"네가 하고 싶은 모든 일에서 손을 털어야 해."

"너, 하나님이 다 내려놓고 아프리카 오지로 선교하러 가라면 어쩔 거니?"

세상의 주인 노릇을 하는 사단은 우리에게 끊임없이 가지라고, 꼭 붙들고 있으라고 유혹한다. 내려놓으면 모두 잃는다고 속삭인다. 하나님께 내려놓는 순간, 모두 잃을지도 모른다고 하며 후히 주시고자 하는 하나님의 성품을 의심하게 만든다.

그러나 하나님은 내려놓으라고 하신다. 우리가 내려놓을 때 그것이 진정한 우리 것이 되기 때문이다. 또한 더 좋은 걸 주시기 위함이다. 우리가 내려놓을 때 주어지는 가장 좋은 건 세상이 줄 수 없는 '자유'와 '평강'이다.

소 대신 예배를 택하는 마음

나는 유학 생활과 몽골 선교를 통해 내려놓는 자는 반드시 하나님의 것을 받는다는 걸 계속 체험했다. 2005년 봄, 몽골 이레교회에서 개척한 베르흐 지역의 예배 처소를 방문하여 예배드리던 중의 일이다.

벌러르라는 자매가 예배 시간에 땀범벅이 되어 교회에 왔다. 몇 달 전 우리 팀의 기도로 듣지 못하던 귀가 열린 자매였다. 그녀는 예배 몇 시간 전에 소를 잃어버려서 찾아다니다가 예배 시간이 임박한 걸 알고, 소를 버려두고 말씀을 들으려 들판을 가로질러 달려왔다고 했다.

그때 나는 하나님께 그녀가 소가 아닌 예배를 택한 믿음의 결단을 부끄럽게 하지 말아달라고, 소를 다시 찾을 수 있게 해달라고 기도했다. 하나님께서 어떤 분이시며 무엇을 원하시는지 분명히 알고 있었기 때문이다. 그래서 사람이 자기 힘을 의지하다가 안 되면 자신의 실패지만, 하나님께 의지하다가 실패하면 하나님의 명예에 먹칠하는 거라고 선포하며 기도했다.

그런데 우리가 예배를 마치자마자 밖에서 소 울음소리가 들려왔다. 놀랍게도 잃었던 소가 집이 아닌 예배 처소를 먼저 찾아왔다. 소가 아닌 예배의 기쁨을 선택한 소녀는 예배와 소, 두 가지를 함께 얻었다.

먼저 믿은 우리 중에는 이 자매처럼 소 대신 예배를 택하는 믿음이 있는 사람이 얼마나 될까. 예수님은 우리가 두 주인을 섬길 수 없다고 분명히 말씀하셨다. 이는 단지 두 주인을 섬겨서는 안 된다는 금지의 뜻이 아니라 둘을 섬기는 것 자체가 불가능함을 의미한다. 우리가 세상과 하나님, 둘 다 누리고 싶어 하는 건, 하나님을 잡고 있는 듯하지만 사실은 세상을 잡고 있는 것이다. 양쪽에 걸쳐 있는 사람은 결정적인 순간에 필연적으로 십자가가 아닌 세상을 택하게 되기 때문이다.

내려놓음의 길은 십자가의 길이다. 자기가 죽고, 나를 위해 죽으신 예수님이 내 안에 사시는 과정 중에 꼭 거쳐야 할 단계이다. 우리가 세상이 주는 가치관과 유혹을 내려놓을 때, 예수님의 소유된 백성이라 일컬음을 얻을 것이다.

내려놓지 못하는 자의 두려움

몽골 땅에서 사역하면서 이 내려놓음의 진리를 거듭 확인한다. 몽골에는 집마다 우상이 있는데, 이걸 차마 내려놓지 못하는 교인들이 있다. 이들의 신앙은 결코 성숙할 수 없다. 예수님을 입으로 고백해도, 그것이 마음에 이르러 구원에까지 나아가지 못한다.

몽골 이레교회에 일흔이 넘은 노모를 모시는 한 자매가 있다. 노모는 1년 전부터 교회에 나오고 싶어 했지만, 거동이 불편해서 출석하지 못했다. 2005년 초에 그 집에 심방을 가서 노모를 위해 기도하게 되었다. 그 할머니는 예수님을 믿으려고 보니 집에 있는 우상이 마음에 걸린다고 했다. 간등사(몽골에서 가장 큰 라마불교 성전)에 우상을 보낼까 생각하면서도 실행에 옮기지 못했다고 했다(몽골 사람들은 우상을 그냥 없애면 재앙이 있다고 믿는다). 그래서 내가 처리할 테니 넘기라고 말했다.

그런데 오히려 교회에 다니는 딸이 난색을 표했다. 얘기를 들어보니 수십 년 전 간등사의 라마승을 만났는데 그가 집에 도둑이 자주 들지 않느냐고 물었다고 한다. 그렇다고 하니까 우상을 주어서 받아왔는데, 그 뒤로는 도둑이 들지 않았다고 한다. 그래서 차마 내려놓지 못하겠다는 거였다. 더구나 술 마시고 화가 나면 자기를 때리는 난폭한 동생이 있는데 그가 알면 큰일이 난다고 걱정했다.

나는 그들에게 사람이 두 주인을 섬길 수 없음을 설명했다. 그리고 세상과 인간을 창조하시고 인간의 삶과 죽음을 관장하시는 분을 따를지, 잡신을 따를지 결정하라고 말했다. 더불어 하나님께서 그분의 자녀를 어떻게 지키시는지와 그분을 믿는 자에게 어떤 평안이 오는지도 설명했다.

그러자 할머니가 결연히 비닐봉지를 꺼내더니 향로와 우상과 그림들을 넣었다. 장롱 속 부적과 문 앞에 걸린 부적까지 내게 주었다. 그러면서 교회에 가고 싶다는 생각이 들 무렵부터 그것들이 올무가 되는 것 같아 버리고 싶었지만 두려워서 어쩌지 못했다고 말했다. 그리고 비로소 우상숭배가 주는 두려움에서 벗어나 자유함을 느낀다고 했다. 우리 일행은 우상이 담긴 보따리를 들고나오면서 찬양을 불렀다. 그리고 돌아오는 길에 다른 사람이 가져다 쓰지 못하도록 쓰레기장에서 발로 부서서 버렸다.

그런데 얼마 후에 우상을 버렸던 할머니의 딸이 다시 흔들렸다. 집안에 여러 문제가 생기자 사나운 동생의 위협 때문에 결국 라마승을 찾아가서 이야기를 듣고, 그가 시키는 일들을 집에 와서 했다고 한다. 그런데 그 후에 노모의 정신이 오락가락하는 일이 생겨 병원에 입원까지 하게 됐다.

우상을 두려워하는 건 하나님을 믿지 않음을 뜻한다. 사람들은 우상을 달래거나 우상이 시키는 대로 하지 않으면 행복을 빼앗길까 봐 두려워한다. 세상이 주는 안위와 편안함이 주인이고, 하나님이 주인 되지 못한 모습이다. 이들은 교회에는 나오지만 하나님의 자녀로서의 축복은 누리지 못한다.

사단은 우리에게 불행해질 것에 두려움을 갖게 한다. 이 사단의 올무에서 벗어나려면 그 요구와 반대 방향으로 가면 된다. 바로 '불행을 감수하겠다'라는 마음을 갖는 거다. 내 행복이 그리 중요하지 않다고 생각하며 하나님의 영광을 추구할 때 두려움은 우리를 이기지 못한다.

몽골인 교인 대부분은 여전히 저주를 두려워한다. 마을마다 저주를 일삼는 무당이 있는데 그의 저주가 무섭다고 고백하곤 한다. 저주에 대한 두려움이 근본적으로 자신의 안위를 최우선으로 추구하는 마음에서 오는 걸 인정하며 하나님께 그것을 내려놓지 않으면, 그 두려움에서 벗어날 수 없다. 하나님 한 분만이 우리 인생의 주인 되심을 인정해야만 참 평안을 누릴 수 있기 때문이다.

하나님으로 채워질 때 행복하다

불교나 뉴에이지 사상도 '비움'을 가르친다. 하지만 이런 가르침은 비우는 것 자체를 목적으로 한다. 하지만 하나님께서 우리에게 요구하시는 비움의 목적은 차원이 다르다. 하나님의 것으로 채우기 위한 전 단계일 뿐이다. 하나님으로 채워지는 것이 비움의 궁극적인 목적이며, 그럴 때 비로소 우리는 진정한 행복을 경험한다.

하나님께서 아브라함에게 주신 시험은 우리를 비우고 하나님으로 채우는 일이 결코 쉽지 않음을 보여준다. 아브라함은 백 살에 얻은 아들, 하나님으로부터 받은 축복의 약속을 계승할 이삭을 모리아 산에서 하나님께 제물로 바쳐야 했다.

모리아 산까지 사흘 길을 가야 했다. 당시 아브라함의 마음이 어떠했을까? 성경에는 그의 심정에 대한 설명이 없다. 중요한 건 그가 하나님을 향해 아무 대꾸 없이 이삭을 데리고 그 길을 걸었다는 사실이다.

그 길을 다 걷고 난 아브라함과 이삭이 모리아 산에 올랐다. 그 산은 하나님께서 훗날 당신의 아들을 죽이기로 예정하신 골고다 언덕에서 멀지 않은 곳이다. 아무 말 없이 아브라함은 칼을 들었다. 하나님의 인류 구원을 위한 원대한 계획이 점화되는 시점이었다. 또한 아브라함에게도 그동안 그가 맺었던 하나님과의 관계의 실체가 확인되는 순간이었다. 그는 하나님을 신뢰함으로 순종했다.

하나님의 관심은 이삭을 그에게서 빼앗는 데 있지 않았다. 이삭이 아브라함의 자식만이 아니라 그분의 축복을 계승하고 그리스도가 태어날 가문을 잇는 자가 되게 하는 거였다. 아브라함이 칼을 높이 들었을 때, 하나님은 이미 아브라함의 내려놓음의 제사를 받으셨다. 이삭을 대신할 희생제물을 준비하고 계셨다. 아브라함은 이삭이 자기 자식이기 이전에 하나님께 속한 자임을 깨달았기에 그분 앞에 내려놓을 수 있었다.

이 시대에 자신과 가족의 '행복'이 주인 되는 삶을 사는 사람이 많다. 행복하기 위해 하나님을 찾기도 한다. 행복이 우리의 하나님이 되고, 하나님은 우리를 행복하게 해줄 도구로 취급된다. 그러나 우리의 행복해지려는 열망과 행복해질 권리를 하나님 앞에 내려놓지 않고서는 진정으로 행복해질 수 없다. 우리가 자신의 권리로 여기던 무엇인가를 내려놓는 게 진짜 행복을 얻었다는 증거이자 성장했다는 증거이기도 하다.

나는 그것을 아들 동연이를 통해 확인했다. 어느 날, 동연이가 내게 와서 정중하게 부탁했다.

"아빠, 말썽꾸러기 이야기가 듣고 싶어요."

동연이가 잠들기 전에 들려주던, '말썽꾸러기'라는 주인공 아이가 로봇과 함께 세계를 여행하며 모험하는 이야기였다. 나는 이 이야기를 통해 아이에게 다양한 세계의 문화를 가르쳐주고 싶었다. 그런데 그 무렵 바쁘다는 핑계로 아이에게 이야기를 들려주는 일을 아내에게 맡겼는데, 아내는 아이에게 성경 이야기를 해주곤 했다.

동연이가 다시 말했다.

"요즘 아빠가 너무 피곤한 것 같아서 엄마에게 성경 이야기를 들었는데요, 그것도 재밌지만 사실은 말썽꾸러기 이야기가 더 듣고 싶어요."

그리고 다음 말을 이었다.

"하지만 아빠가 너무 피곤하면 안 해주셔도 돼요. 이따가 엄마도 피곤하면 그냥 주무셔도 되고요. 저는 이제 참을 수 있어요."

아이의 말을 일하고 돌아온 아내에게 전했다. 나는 이야기를 하다가 아이의 마음에 감동하여 울먹이고 말았다. 동연이가 처음으로 누군가를 배려하기 시작했던 것이다. 아이의 성장에 감동하는 내 모습을 보며, 하나님께서 내 성장을 보고 어떤 감동을 받으실지 깨달았다. 내가 성장하는 모습이 하나님께 감동이 되기를 소망한다.

우리를 향한 아버지 마음

나는 아들 동연이와 딸 서연이를 키우면서 하나님의 성품과 그분께 내 인생을 내려놓고 맡기는 걸 더 깊이 묵상할 수 있었다. 서연이가 태어났을 때였다. 당시 동연이는 다섯 살이었다. 아들이 유치원에서 돌아왔을 때, 나와 아내는 병원에 있었다.

동연이가 내 후배 부부의 손에 이끌려 울면서 병원에 왔을 때, 아내는 조그마한 아기를 품에 안고 누워 있었다. 동연이에게는 모든 게 충격적이었을 것이다. 그날 밤, 동연이는 엄마와 떨어져 아빠와 둘이 밤을 보내야 했다.

다음날 오후에 동연이를 데리고 아내가 부탁한 물건을 사려고 유아용품 가게에 들렀다. 가게에 들어서자 아이가 눈을 반짝이며 장난감 코너에 가서 장난감을 보고 오겠다고 했다.

당시 나와 아내는 동연이가 갖고 싶은 장난감이 있어도 사달라고 떼쓰지 않게 하는 훈련 중이었다. 아이가 꼭 하기로 다짐한 일을 했을 때만 장난감과 같은 선물을 사주기로 하고 실천했다. 나는 필요한 물건을 고르고 나서 동연이를 찾았다. 아이가 손을 뒤로 하여 무언가를 숨긴 채 내게 걸어왔다. 그리고 멋쩍게 웃으며 말했다.

"아빠, 내가 무엇을 갖고 왔는지 알아요?"

슬쩍 동연이 뒤쪽을 살폈다. 닌자 거북이(당시 동연이가 무척 좋아하던 만화 캐릭터) 색칠공부 책이었다. 아이가 내 표정을 살피더니 정색을 하며 말을 덧붙였다.

"그런데 아빠, 이거 안 사주셔도 돼요. 그냥 보기만 하세요."

아이가 엄마의 관심을 동생에게 빼앗긴 상실감을 느끼는 걸 알았기에 그 말을 듣자 가슴이 뭉클했다. 내가 아이를 껴안으며 물었다.

"동연아, 너 그거 갖고 싶지?"

"…네!"

"아빠가 사줄까?"

동연이가 함박웃음을 지었다.

"정말요?"

동연이는 선물을, 나는 동연이 손을 꼭 쥐고 가게를 나왔다. 그리고 금요기도회에 참석하기 위해 교회로 향했다. 교회에 도착해서 예배 전에 기도하기 위해 무릎을 꿇었을 때, 내 안에서 하나님이 말씀하셨다.

'용규야, 네 아들 동연이가 장난감을 안 사줘도 된다고 말했을 때 너는 어떤 마음이었니? 그게 바로 너를 향한 내 마음이란다.'

나는 그저 흐느껴 울 수밖에 없었다. 내가 아이에게 무엇이든 주고 싶듯 하나님도 그러하시다. 하지만 하나님께서는 때로 주지 않고 기다리신다. 우리가 더 훈련되고 성장해야 하고, 우리가 갖고 싶은 게 우리의 성장을 저해할 수 있기 때문이다.

주고 싶지만 때로는 주지 못하는 마음이 하나님의 우리를 향한 마음이다. 하지만 우리는 그 마음을 헤아리지 못한 채, 때로는 우리가 가진 걸 하나님께 빼앗길까 봐 두려운 마음으로 그분을 바라본다.

동연이가 두 살 때 함께 장난감 가게에 간 일이 있다. 아이는 자신이 좋아하는 버즈(만화영화 〈토이 스토리〉에 나오는 캐릭터) 장난감을 두 팔로 꼭 움켜쥔 채 가게를 나오려고 했다. 점원이 계산하려고 동연이의 팔에서 장난감을 꺼내려고 하자 아이가 울며 장난감을 꼭 쥔 채 내려놓지 않았다. 장난감이 자기 것이 되기 위해서는 잠시 계산대에 내려놓아야 함을 몰랐기 때문이었다. 그날 결국 동연이는 장난감을 안은 채로 계산대 위에 올라가야 했다.

하나님께서 우리에게 주시는 영적 선물도 마찬가지다. 우리가 내려놓기 전에는 진정한 걸 얻을 수 없다. 영적으로 어린아이인 우리는 내려놓으면 빼앗긴다고 생각한다. 그래서 더 움켜쥐려 한다. 하지만 끝까지 잡고 있으면 우리 것이 되지 못한다. 오히려 우리가 움켜쥔 것이 우리를 옥죄게 된다.

우리가 붙잡고 있는 문제는 그렇게 쉽게 해결되지 않는다. 하나님께 내 문제를 내려놓고 인생의 계획까지 내어드려야만 해결 받을 수 있다. 그러려면 잠시 내 것을 내려놓는 과정이 필요하다.

한번은 돌을 갓 넘은 서연이가 막 선물 받은 새 옷을 더러운 손으로 움켜쥐려고 했다. 아내가 아이의 손을 잠시 멈추게 하고, 먼저 세면대로 데려가 씻겼다. 그리고 나서 아이가 원하는 새 옷을 입혀주었다.

하나님께 내 인생을 내려놓는다는 건 이런 씻는 과정을 포함한다. 이것을 이해하기까지 내게는 미국 유학과 몽골 선교의 광야 생활이 필요했다.

CHAPTER 2

믿음으로 걷는
광야의 나그네 길

내 소원을 이미 아시는 주님

1994년 겨울, 나는 한 기도원에서 열린 목양교회 중고등부 교사로서 수련회에 참가했다. 수련회 첫날 기도회 중에 담임 목사님과 기도원 원장님이 학생들에게 안수를 해주었다. 나도 머리를 숙이고 기도하면서 안수를 기다렸다. 그런데 기도원 원장님의 손이 내 머리에 닿자 특별한 성령의 은혜가 임했다. 내 속 깊은 곳에서 불덩이 같은 게 입을 통해 쏟아져 나왔다.

원장님이 나를 위해 두 가지 기도를 했다.

"학문의 길을 통해 하나님께 영광 돌리게 하소서. 그리고 유학의 길이 활짝 열리게 하소서."

사실 이 두 가지는 내가 수련회 기간에 응답 받기 원했던 마음의 소원이었다. 원장님의 입을 통해 하나님께서는 당신이 내 소원을 알고 계심을 확인시켜주셨다. 나는 기도회를 마치고 교사 회의 시간에 다른 선생님들에게 물었다.

"혹시 제 기도제목을 원장님에게 이야기한 분 있나요?"

선생님들은 '네가 얼마나 특별하다고 우리가 일부러 말을 했겠니?' 하는 황당한 표정을 지었다. 내가 자초지종을 말했더니 한 선생님이 "그 분에게 특별한 은혜가 임한 것이었네"라고 응대했다.

그때 기도하면서 나는 귀한 비전을 품었다. 하나님은 내가 원한다면 내 삶을 요셉과 다니엘처럼 인도하겠다고 말씀하셨다. 나는 '정계의 높은 지위로 나를 인도하시려나?'라고 생각하고 넘어갔다.

그리고 그 본질적인 의미를 깊이 이해하는 데 그 후로 12년이라는 세월이 필요했다. 비록 당시는 다 이해하지 못했지만 그 약속의 말씀과 하나님의 신실하심에 대한 신뢰는, 이후 유학이라는 광야 길에서 어려운 고비를 넘을 때마다 하나님께 더 의지하며 나아가게 하는 밑거름이 되었다.

돌아보면 하나님께서는 앞으로 내가 겪어야 할 어려움이 내 그릇보다 커서 버거워할 걸 미리 아시고, 깨우침의 말씀과 비전을 주셔서 내가 극복할 수 있도록 예비하셨던 것 같다. 마치 엘리야가 광야 길을 가다 기진할 걸 아시고 까마귀가 먹을 것을 전해주도록 예비하셨던 것처럼….

그때는 내게 하나님께 직접 묻고 분별하며 나아갈 능력도 없고, 그분의 성품을 깊이 이해하지도 못한 상태여서 누군가의 입을 통해 하나님의 예비하심을 깨닫게 해주신 거였다.

당시 내 관심사는 중국사와 중앙아시아사였다. 학부 졸업 논문을 청(淸)대 서북 지역의 무슬림 반란의 경과와 발생 원인에 대해 썼다. 한국에서 이 부분을 알고 있는 사람은 다섯 손가락 안에 들었다. 나는 왜 그 부분을 연구해야 하는지도 모르면서 그 주제로 계속 끌려들어 갔다.

분홍색 케이크의 주인공

수련회 기도 시간에 진로뿐 아니라 배우자에 대한 하나님의 예비하심도 깨닫게 해주셨다. 둘째 날, 기도하면서 분홍색 케이크에 촛불이 밝혀 있는 환상을 보았다.

기도원 원장님이 나를 따로 불러 기도해주었을 때 나는 그게 무엇을 의미하는지 물었다.

"그건 하나님께서 돕는 배필을 예비하셨다는 뜻이 아닐까?"

나중에 그 이야기를 청년부 지체들에게 들려줬는데 그중에 최주현이라는, 교회에 나온 지 1년 남짓 된 자매가 있었다. 지금의 내 아내이다. 그녀가 훗날 나와 교제를 시작하고 나서 고백했다. 수련회 당시 그 환상 이야기를 듣고 하나님께 '제가 그 분홍색 케이크의 주인공이 되면 안 되나요?' 하고 살짝 여쭤봤다고.

사실은 나도 그녀가 처음 교회에 발을 딛은 순간부터 관심이 있었다. 그녀가 친구의 손에 이끌려 왔던 그때를 선명하게 기억한다. 그리고 청년부 성경공부 모임 중에서 우리 조에 편성되었을 때도 왠지 모르게 기쁘고 설렜다.

그녀는 케이크 이야기를 생각하며 나를 놓고 하나님께 기도했지만, 응답이 없는 것처럼 느껴졌다고 했다. 한편 나는 나대로 막 신앙생활을 시작한 그녀와 교제했다가 잘못되어 교회를 떠나는 좋지 않은 일이 생길까 염려했다. 그렇게 서로 짝사랑만 하며 시간을 흘려보냈다.

한참 후에야 다른 사람을 통해 그녀가 나를 예전부터 많이 좋아했다는 걸 듣고, 나도 동일한 마음이었음을 고백하며 그녀에게 교제를 신청했다. 그 뒤로 우리는 교회 리더들의 기도 후원을 받으며 교제했다.

되돌아보니 우리가 기다렸기 때문에 맺어질 수 있었다. 만약 처음 감정만으로 바로 교제를 시작했다면 서로 절실한 짝이라고 고백할 수 있었을까. 기다리는 가운데 서로의 장단점을 거리를 두고 볼 수 있었고, 우리는 그 과정을 거치면서 하나님께서 최상 중의 최상을 허락하셨음을 확신했다.

이 일로 나는 하나님의 타이밍을 체험했다. 내가 앞서지 않고 기다리며 정직하고 순전함 가운데 서 있으면 하나님의 정확한 타이밍에 좋은 사람을 만난다는 걸 깨달았다. 나는 그녀와의 연합을 하나님께 진심으로 감사했다.

교수님의 입김 vs 하나님의 인도하심

수련회가 있었던 그해 가을, 한국고등교육재단에서 실시하는 유학 장학생 선발시험에 응시했다. 그리고 여러 가지 부족한 부분에도 불구하고 동양학 유학 장학생으로 선발되었다. 유학을 위한 가장 중요한 준비가 끝났다고 생각하고, 나는 연말에 석사과정 지도교수님에게 유학을 떠나고 싶다고 말했다. 그런데 내 예상과 달리 벽에 부딪혔다. 그가 난색을 표하며 유학을 막았다.

당시 내 모교의 해당 학과는 유학을 가지 않아도 되는 분야를 국내에 만들겠다는 포부를 가지고 있었다. 지도교수님도 유학을 다녀왔지만 내 전공 분야에 관한 국내 교수 여건이 외국만 못할 게 없다는 자부심을 갖고 있었다.

하지만 나는 단지 전공 공부만을 위해 유학을 가고 싶었던 게 아니었다. 새로운 세계에서 다양한 가능성을 접하면서 새로운 언어와 체계에서 배우고 성장하고 싶었다. 그래서 지도교수님의 반대가 나를 설득하지 못했다. 다만 좋은 추천서 없이는 미국 대학에 지원하면 큰 장애가 생기기에 난감했다. 나는 하나님께 기도할 수밖에 없었다.

'하나님, 유학의 길을 열어놓으셨다고 하셨지요? 그런데 왜 제 눈에는 닫혀 있는 것처럼 보이나요?'

당시 나는 학문의 길과 유학의 길에서 지도교수님의 입김이 결정적이라고 믿었다. 그래서 하나님의 인도하심은 왠지 부수적이고 간접적인 것처럼 느꼈다. 현실과 상황을 더 믿었기에 늘 마음 한편에 불안을 달고 살 수밖에 없었다.

지도교수님은 좋은 석사논문을 쓸 준비를 하는 게 더 중요하다며 답을 미루고, 안식년을 맞아 1년간 독일로 떠났다. 그 기간 동안 하나님께서 나를 기도로 준비시키시고 내 믿음을 점검하셨다.

한 치 앞을 알 수 없는 길

1년 뒤 지도교수님이 귀국 후 나를 연구실로 불러 말했다. 페르시아사나 인도사와 같은 중동 지역사로 전공을 바꿔서 유학을 가면 어떻겠느냐고. 그 분야를 하면 내 유학의 열망도 충족되고 학과가 추구하는 방향과도 맞을 것 같다고 했다. 한국에서는 연구할 수 없는 분야이니 외국에서 배워야 하고, 또 새로운 분야를 한국에 도입하는 선구적인 일이므로 유학의 보람도 있을 거라고 말했다.

그러나 나는 당시 여러 현실적인 어려움으로 유학을 갈지 말지를 선택해야 했다. 언어나 학문적으로 전혀 준비되지 않은 외국 학생을 미국 대학 중동학과에서 받아줄지가 문제였다. 마치 불문과에서 공부한 학생이 박사과정을 중문과로 가려는 거나 마찬가지였다.

나는 6년째 중국어를 손에서 놓지 않고 열심히 공부하고 있었다. 고전 중국어를 독파하기 위해 사서삼경까지 공부했다. 그런데 다시 새로운 분야를 시작할 수 있을지, 그동안 애써 공부한 걸 버려두고 굳이 새것을 붙잡아야 하는지 판단하기가 어려웠다.

나는 생각할 시간을 달라고 교수님에게 말한 후에 몇 주 동안 이 문제를 놓고 기도했다. 그러던 어느 날, 예배 중에 "믿음으로 아브라함은 부르심을 받았을 때에 순종하여 장래의 유업으로 받을 땅에 나아갈새 갈 바를 알지 못하고 나아갔으며"(히 11:8)라는 말씀이 떠올랐다. 특히 "갈 바를 알지 못하고"라는 구절이 마음에 확 들어왔다. 하나님께서 내가 그분을 신뢰함으로 결단하기를 원하심을 알 수 있었다. 나는 아브라함처럼 갈 바를 알지 못하고 떠나는 게 믿음이라는 답을 받았다.

'그렇다. 믿음은 내가 익히 아는 익숙한 길을 가는 게 아니다. 하나님을 신뢰함으로 인도하심을 따라 한 치 앞도 볼 수 없는 길을 선택해 나아가는 것이다.'

나는 이 모든 과정의 배후에 하나님이 계심을 깨달았다. 그 가운데 지도교수님은 그저 그분의 도구로 사용되었을 뿐이었다. 그는 독일에 있는 동안 한인교회에서 신앙생활을 시작하며 하나님을 믿게 되었고, 한국으로 돌아올 때 자신의 전공을 통해 하나님의 섭리를 보고 싶다고 고백했다고 한다(그와 함께 독일에 있던 이를 통해 훗날 전해 들은 이야기이다). 하나님께서 이 모든 과정 가운데 개입하셨던 것이다.

그러나 나는 미국 대학에 지원하면서 혹시 나중에 중국사나 중앙아시아사로 전공을 바꿀 수 있는 곳을 안전장치로 함께 지원했다. 여전히 마음 한구석에 새로운 전공에 대한 확신이 없었다. 하지만 하나님은 안전장치로 지원했던 학교들로부터 합격 통지를 받지 못하는 쪽으로 나를 이끄셨다. 돌아갈 길을 차단하시며 내가 갈 길이 한 곳, 중동사 전공임을 분명히 가르쳐주셨다. 그때까지도 왜 전공을 바꾸어야 하는지 깨달지 못했지만 하나님의 말씀에 순종하기로 다시 다짐했다.

이 과정을 통해 하나님께서 우리에게 순종을 바라실 때는 미래의 모든 걸 보여주신 다음 선택하게 하지 않으신다는 걸 깨달았다.

"주의 말씀은 내 발에 등이요"(시 119:105)라고 시편 기자가 고백한 것처럼 주의 말씀은 내가 가야 할 곳으로 인도하시고 넘어지지 않도록 보호하신다. 그러나 저 멀리 있는 곳의 방향만 제시하실 뿐 그곳에서 우리를 기다리는 게 무언지는 보여주지 않으신다. 그것은 오직 순종으로 그 길을 택해 걸어가야만 볼 수 있도록 허락된 것이기 때문이다.

광야 앞에서의 프러포즈

결혼 전 내가 아내에게 했던 프러포즈는 "함께 미국에 가지 않을래요?"였다. 그녀는 미국 대학에서 입학 허가가 나오지도 않은 예비 유학생 신분이었던 나를 신뢰해주었다. 아니, 나를 인도해가시는 하나님을 신뢰했다는 표현이 더 정확할 것이다. 그래서 우리가 유학 생활에서 크고 작은 파도를 만날 때도 평안함과 굳건함으로 함께 나아갈 수 있었다.

후배들이 우리에게 어떤 점이 좋아서 결혼을 결정했느냐고 물었다. 아내가 대답했다.

"우리의 영혼이 서로 닮았다고 느꼈어요."

사실 그 대답은 내가 하고 싶었다. 나는 아내의 영혼이 하나님 앞에서 맑다고 느꼈다. 돌아보면 그것이 내가 그녀에게 매력을 느꼈던 가장 큰 이유였다.

결혼한 뒤, 나는 하버드대학교에서 입학 허가를 받아 그곳에서 유학 생활을 하기로 결정했다. 하나님이 맺어주신 돕는 배필과 함께 유학이라는 광야 생활이 시작됐다. 하나님은 우리를 더 깊이 만나주시려고 멀고 깊숙한 광야로 이끄셨다.

CHAPTER 3

광야에서 만나주신
하나님

나를 비우는 시기

남들에게는 세계 최고의 명문 대학으로 일컬어지는 교육 기관에서 박사과정을 하는 게 영광스러운 기회로 보일지 모르지만, 그곳에서 나는 깊은 좌절을 느껴야 했다. 동급생들 중 유일한 동아시아 출신으로, 더듬거리는 영어를 구사하고, 전공에 대한 기초 준비가 가장 안 되어 있었기 때문이다.

'과연 내가 이 분야에서 살아남을 수 있을까?'

늘 자신 없는 질문이었다. 나는 바닥에서 허덕이며 태어나서 한 번도 경험해보지 못한 낮은 자존감을 느꼈다. 유학 생활 초기에 하나님께서 주신 거듭된 징표와 확신에도 불구하고 전공을 바꾸어 박사과정을 공부하는 건 쉽지 않았다. 내 영혼도 육체도 쉽게 고갈되곤 했다.

유학 온 지 1년이 되어갈 무렵, 스쳐 지나가는 자동차를 보며 '저 차에 치여 병원에 눕게 되면 합법적으로 쉴 수 있을 텐데' 하는 마음까지 들었다. 전공에 대한 배경지식이 전혀 없는 박사과정생으로서, 매일 잠에 쫓기면서 엄청난 학업량을 따라가야 하는 하루하루가 마치 가시밭을 걷는 것 같았다.

수요일이면 집 근처 한인교회에서 찬양예배를 드렸는데, 나는 찬양을 하며 목 놓아 울곤 했다. 내 안에 숨어 있는 성취욕, 세상을 향한 야심을 다루는 시간이었다. 겉으로는 하나님의 영광을 위해 산다고 하면서 하나님 것과 내 것이 뒤섞여 있었는데, 그것들이 고난을 통해 정제되어갔다. 그리고 내 능력의 한계에 대한 절망을 딛고 하나님이 원하시는 모습으로 성장하고자 하는 열망이 내 안에 자랐다.

당시 함께 유학하던 한 교인이 내게 물었다.

"다윗은 국가의 최고 지도자에게 쫓겨 오랜 기간을 광야에 머물며 지냈지요. 그 기간이 언제 끝날지도 모른 채 젊은 날을 그렇게 보냈어요. 과연 우리가 그런 고난 후에 왕위를 얻게 된다고 약속을 받은들 그 길을 쉽게 갈 수 있을까요?"

어려운 질문이었다. 나는 그 상황이 나와 똑같다고 여겼다.

'비록 앞으로 이 고생에 대한 보상으로 높은 사회적 지위를 보장 받는다고 한들, 지금 내 고난에 무슨 위로가 될까!'

반드시 거쳐야 할 광야학교

나는 다윗의 광야 이야기를 들은 후에 성경을 읽으며 '광야'를 묵상하기 시작했다. 하나님께서 예수 그리스도를 통해 인류를 구원하기로 작정하시고, 그 가문을 이룰 자로 아브라함을 선택하신 이래, 당신이 쓰시기로 작정한 다수의 인물을 광야로 몰아가셨다. 그곳에서 그들을 만나주셨고 훈련시키셨다.

아브라함은 갈대아 우르, 즉 메소포타미아로 불리는 비옥한 농경지대를 뒤로하고 광야로 나와서 그곳을 밟으며 방랑했다. 그는 복의 근원으로 불렸지만 그가 가야 할 곳은 복 없는 광야였다. 그 땅에서 방랑하며 하나님을 경험하면서 하나님의 복의 통로가 되기 위한 과정을 밟았다. 하나님이 그 땅을 다 주셨지만 그의 거처는 조그마한 이동식 천막이 전부였다.

이삭도 아버지의 뒤를 이어 광야에서 천막을 치고 살았다. 심지어 우물을 두고 갈등이 빚어질 때마다 자기가 판 우물을 버려두고 다른 지역으로 이주해야만 했다.

야곱도 외삼촌 댁에서 고단한 타향살이를 경험했다. 그가 소유한 축복은 하나님을 체험하며 그분의 소유가 되는 거였고, 그것은 '험한' 광야 훈련을 통해 이루어졌다. 반면에 에서는 광야를 경험하지 않고 아버지가 살던 곳에 남았다. 그는 하나님께 순종하려는 모험보다 세상의 안락을 택하여 이방 여인을 아내로 맞아 세상과 타협하며 살았다. 그 결과 에서는 하나님의 축복 라인에서 제외되었고, 그의 자손들은 대대로 하나님의 백성인 이스라엘 사람들과 대적하며 살게 되었다.

요셉도 타향 이집트에 노예로 팔려 가 살다가 그곳에 뼈를 묻었다. 비록 이집트 땅은 농경지대였지만, 그의 타향살이는 아브라함이 광야를 전전하던 유목적(遊牧的) 삶의 연장선이었다. 그는 이집트의 총리대신이 되었지만 그의 유언에서 보듯이 유골만이라도 하나님의 약속의 땅인 가나안에 묻히기를 갈망했다. 그렇게 요셉도 영원한 나그네로 이집트라는 광야에서 살았다.

모세도 이집트 궁전을 나와 미디안 광야에서 40년 동안 생활했다. 그 후 이스라엘 백성을 이집트에서 인도해내어 광야에서 떠돌다가 결국 약속의 땅 가나안을 밟지 못하고 광야에서 죽었다.

이스라엘의 두 번째 왕 다윗은 광야를 거치며 시련 가운데 하나님을 더 깊이 만났음을 그의 시편 고백을 통해 확인할 수 있다. 그는 사무엘을 통해 기름부음을 받았지만 당시 지배자였던 사울의 시기와 질시를 받아 광야에서 도피 생활을 했다. 하나님이 다윗에게 주신 혹독한 광야학교 훈련이, 그가 광야에서 하나님을 만난 경험이 없어 실패한 사울처럼 되지 않도록 도왔다.

엘리야도 세미한 음성으로 말씀하시는 하나님을 깊이 체험하기 위해 40일간 광야 길을 걸어야 했다. 그는 바알을 숭배하는 선지자들과의 치열한 영적 전투에서 빛나는 승리를 거두었음에도 마음을 바꾸지 않고 오히려 자신을 죽이려는 왕비 이세벨의 위협 때문에 두려움과 좌절로 낙심했다. 하나님은 그런 엘리야를 회복시키시고 새로운 사명을 부여하시기 위해 그가 광야 길을 걸으며 당신을 대면하게 하셨다.

욥은 고난을 통해 하나님을 귀로 알 뿐 아니라 눈으로 보는 기회를 얻었다. 고난이라는 광야를 통해 하나님에 대한 새로운 차원의 체험을 누렸다.

다니엘과 그 외의 많은 선지자도 타국에 거하며 나그네와 이방인으로 살았다. 타국살이를 하면서 유대 예언자들은 자기 조상이 동족에게 지은 죄를 하나님께 고백하며 새롭게 거듭나야 함을 예언하는 삶을 살았다.

예수님도 공생애 사역을 시작하시기 전, 성령의 이끌림을 받아 광야에 머물며 금식하시고 사단의 시험을 받으셨다. 또한 공생애 동안 '머리 둘 곳'조차 없는(마 8:20; 눅 9:58) 나그네 삶을 사셔야 했다.

성경에서 제시하는 하나님의 한 단면은 광야의 하나님, 나그네의 하나님이다. 하나님께서는 광야에서 단련 받던 이스라엘 사람들에게 가나안 농경지대에 들어가면 가나안 사람들이 믿고 있는 풍요의 신을 철저히 배격하라고 명하셨다.

당시 농경지대에서 추구하던 신의 이미지는 풍요, 다산, 비, 재물, 방탕과 쾌락 등과 관련이 있었다. 이스라엘 사람들이 광야의 고난 속에서 만난 하나님과는 다른 이미지였다. 따라서 가난하고 가진 것 없던 이스라엘 백성에게는 거부할 수 없을 만큼 매력적으로 비쳐질 수 있는 신관이었다.

하지만 하나님을 믿는 건 많은 경우에 고난을 동반한다. 세상과 분리되어 옛 자아가 죽고 하나님의 빛으로 들어가기 위해서는 세상과 마찰을 빚을 수밖에 없다. 히브리서 기자가 일관되게 기술했듯이 하나님의 백성은 이 세상에 속한 자들이 아니기에 이 땅에 대해 나그네이고 이방인이다(히 11:13).

천국 시민권을 가진 나그네

미국에서 우리 부부는 광야의 나그네처럼 우리 의지와 무관하게 환경에 이끌려 주거지를 옮겨야 했다. 처음에는 하버드대 소유의 원룸 아파트에서 지냈다. 내가 속한 장학재단에서 주는 생활비는 미국 내에서도 물가가 높은 도시로 세 손가락 안에 드는 보스턴에서 기숙사에 사는 미혼 학생이 가까스로 아껴서 쓰기에 알맞은 정도의 금액이었다. 그래서 우리는 재단에서 주는 생활비의 최소 1.5배가 고정적으로 필요했다.

1년 후 미국 교회에서 알게 된 브라질 출신의 할머니가 교외에 위치한 자택의 방을 하나 내줄 테니 와서 지내라고 했다. 그리고 아파트 월세를 모아서 차를 사서 통학을 하라고 했다. 우리는 저금해두었던 정착비 전부를 털어 후배로부터 중고차를 인수해서 그 집으로 들어갔다. 그런데 4개월 뒤 할머니의 마음이 갑자기 바뀌어 나가달라고 했다. 다른 집을 구할 시간과 돈이 없던 우리는 오도 가도 못하는 난감한 상황에서 간절히 기도했다.

마침 에티오피아 출신의 한 교회 친구가 자신이 방 두 개짜리의 값싼 아파트에 살고 있는데 방 하나를 우리가 사용하는 조건으로 아파트 월세를 공동 분담하자고 제안했다. 우리는 거기로 들어갔다.

그렇게 한동안 떠돌이 생활을 했다. 어느 여름에는 여섯 번이나 거처를 옮겨야 했다. 하지만 하나님께서는 단 한 번도 집이 없어 헤매며 지내지 않도록 배려해주셨다. 나는 떠돌이 생활을 하는 동안에 나그네 삶을 묵상할 수 있었다.

크리스천은 하늘나라의 시민권을 가졌지만 허락된 기간은 이 세상에서 살아야 한다. 이곳에서 이방인 신분으로 잠시 하나님께서 허락하신 걸 사용하며 살아간다.

미국에서의 내 삶도 마찬가지였다. 나는 미국에 살지만 미국 시민권자는 아니었다. 내가 사는 집은 월세를 내고 잠시 이용하는 것이지 내 것이 아니었다. 주인이 나가달라고 하면 언제든 나가야 했다. 마치 아브라함이 광야를 유랑했던 것처럼…. 단, 우리는 이방인이지만 복의 통로로 사용되기 위해 그 땅에 부르심을 입었다. 우리가 복의 근원이 되어 그 땅에서 복을 끼치는 삶을 사는 것이다.

한번은 한국의 한 항공회사가 몽골에 공장과 학교를 세우는 대규모 프로젝트를 제안해서 몽골 정부와 협정을 맺는 과정에서 내가 도움을 주었다. 몽골의 상공부 차관과 한국 관계자들의 프로젝트 조인식에 급히 참석해달라는 요청을 받아, 나는 재킷도 입지 않고 평상복 차림으로 달려갔다.

그런데 상공부 차관이 관계자들과 악수하다가 내 순서가 되자 손을 내밀지 않았다. 내가 정장을 입지 않아 하급 직원이라고 생각한 모양이었다. 나는 순간 당황했지만 불쾌하지는 않았다. 외관을 중시하는 그들의 태도를 보며 속으로 빙그레 웃고 말았다. 내가 몽골을 돕기 위해 왔지 내 명예를 위해 온 게 아니라고 생각하기에 가질 수 있는 마음이었다.

그래서 몽골 사람들의 인정이 내게 큰 관심거리로 다가오지 않았다. 만약 내가 한국에서 같은 상황을 맞았다면 좀 서운하거나 화가 났을지도 모른다. 이 땅이 내가 소유할 땅이 아니며 나는 여기에 나그네로 왔기에 사람들과의 관계에서 자유로울 수 있다는 사실을 발견했다.

선교사로 살겠습니다!

나는 유학 첫 1년 동안 겪은 고통의 시간을 통해 점차 내 삶의 성패에서 자유할 수 있었다. 그동안 추구하던 '성공'이 그다지 매력적이지 않음을 알았고, 학문적 또는 사회적 성공에도 비교적 초연해졌다. 내 능력에 있어 기대할 게 별로 없었기에 하나님께 내 삶을 맡기는 게 모든 난관을 극복할 현명한 방법이라고 생각했다.

1997년 여름, 시카고에서 열린 북미 코스타 마지막 날에 나는 2년의 시간을 하나님께 드려 선교사로 살기로 헌신했다. 고난 속에서 내 유학 생활의 성패가 하나님께 달려 있음을 고백한 나로서는 하나님을 위한 삶을 살겠다고 결단하는 게 어렵지 않았다.

마치 야곱이 형의 위협으로부터 벗어나려고 외삼촌 집으로 피하는 과정 중 벧엘에서 하나님께 서원했던 심정과 유사하다고나 할까. 야곱은 외삼촌 집에서 무사히 집으로 돌아올 수 있다면 하나님이 더 이상 아버지 이삭과 할아버지 아브라함의 하나님만이 아닌, 자신의 하나님이 될 거라고 고백했다. 아울러 자신의 소유의 주권이 하나님께 있음을 인정하는 행위로 소유의 십분의 일을 하나님께 드리겠다고 서원했다.

선교사로 서원할 때, 내 마음 밑바닥에도 야곱이 느꼈던 절망과 미래에 대한 불안이 있었던 것 같다. 이 부분은 아내도 마찬가지였다. 당시 성가대 자리에 있던 아내는 이동원 목사님이 인도하신 선교 헌신을 위한 시간에 불안한 마음이 들었다고 한다.

만약 내가 선교사의 삶을 살기로 결단하고 목사님 앞으로 나가고, 자기만 홀로 자리에 남으면 마음에 큰 부담을 느낄 것 같았다고 한다. 그래서 앞으로 나가기로 결정하고 걸음을 옮기면서도 반대로 내가 나오지 않을까 봐 걱정했다고 한다.

그러다 문득 고개를 돌려봤을 때, 앞을 향해 걸어 나오는 내 모습을 보고 그제야 안도하며 눈물을 터뜨렸다고 후에 고백했다.

복의 통로가 될지라

2004년 9월, 나는 박사과정을 마치고 8년의 유학 생활을 정리한 후에 몽골로 들어갔다. 코스타에서 아내와 함께 헌신한 대로 선교를 위해서였다. 우리는 선교할 나라를 놓고 하나님께 한 가지 조건을 제시했다. 부부가 같이 섬길 수 있는 곳을 알려주시면 하나님의 뜻을 분별하는 도구로 삼아 하나님께서 인도하시는 곳으로 알겠다고 기도했다.

우리는 몽골이 우리에게 좋은 사역지가 될 수 있다고 생각했다. 내 박사과정 졸업논문이 유목 제국의 역사와 밀접한 관련이 있어서 몽골의 역사와 문화에 관심이 많았다. 영양학을 전공한 아내도 몽골 아이들의 심각한 영양 결핍을 인식하고 있어서 몽골이 각자의 전공으로 섬기기 좋은 곳이라 생각하고 기도하기 시작했다.

그래서 이 지역으로 '비전트립'(vision trip)을 가면 좋겠다고 생각했는데, 하나님께서 길을 열어주셨다. 아내가 2002년에 10주 동안 몽골 월드비전(World Vision)에서 인턴십을 할 수 있었다. 나 또한 그해 여름 몽골로 연구 여행을 가려고 했는데, 그 기간에 몽골 수도인 울란바토르에서 열리는 몽골학 관련 국제학술대회에서 논문을 발표할 기회를 얻었다.

그런데 우리가 마음을 정해 몽골에 가겠다고 하자, 많은 사람이 몽골이 아이를 키우기에 안전하지 않다고 걱정했다. 그때마다 우리는 대답했다.

"하나님께서 지켜주지 않으시면 미국에 있든 한국에 있든 늘 불안전할 겁니다. 하지만 그분이 지켜주신다면 전쟁 가운데서도 안전할 수 있을 거예요."

우리에게 안전의 여부는 사역지를 결정하는 요건이 될 수 없었다. 또 사람들이 미개발국인 몽골의 생활환경도 염려했다. 하지만 우리가 하나님의 부르심을 받는다는 건 복 많은 곳으로 간다는 게 아니다. 하나님은 아브라함을 부르실 때 복 많은 곳으로 가라고 말씀하시지 않았다. "너는 복이 될지라"(창 12:2)라고 하셨다. 가서 복의 통로가 되라는 것이다. 복이 없는 땅으로 가서 하나님으로부터 흘러나오는 복을 나누라고 하셨다.

안타깝게도 우리는 우리가 복의 근원임을 모르고 지낸다. 또한 복 있는 곳을 찾아서 가려고만 한다. 서울로, 강남으로 그리고 미국으로 가고 싶어 한다. 하나님께서 우리가 어느 땅에 있길 원하시는지는 관심이 없고 단지 어디가 안전하고 살기 좋은지를 늘 생각하며 살아간다.

하나님과 함께라면

2002년 여름 몽골에 정탐 여행을 가기 직전, 나는 미국 애리조나 주의 호피 부족에게로 단기선교를 갔다. 그래서 아내가 30개월 된 동연이를 데리고 한국에 가서 처가에 아이를 맡기고 몽골로 먼저 들어갔다. 1주일 후에 내가 단기선교를 마치고 한국에 가서 동연이를 만났을 때, 아이가 울며 매달렸다.

"엄마가 나한테 '빠이빠이' 하고 혼자 갔어."

동연이가 이 말을 되풀이했다. 아이에게 큰 충격이었던 것 같았다. 아이는 한시도 내게서 떨어지려고 하지 않았다. 그런 아이를 데리고 책을 사러 서점에 갔다.

호주의 여행 전문서인 론리플래닛 시리즈(Lonely Planet Series) 중 몽골편을 집어 들었다. 표지에 사막 사진이 있었다. 동연이에게 물었다.

"동연아, 너 여기 가고 싶니?"

"아니."

아이는 고개를 절레절레 흔들었다. 내가 다시 물었다.

"엄마가 지금 여기에 가 있는데도?"

"그럼 갈래요. 거기 좋아."

동연이에게는 자기가 있어야 할 곳이 사막인지 아닌지는 전혀 문제가 되지 않았다. 중요한 건 엄마와 함께 있을 수 있다는 거였다. 엄마와 함께라면 어떤 곳에서도 행복할 수 있었다.

그때 나는 다시 확인했다. 내가 내 아버지와 함께 있을 때 가장 행복하다는 것을. 환경은 그다지 문제가 되지 않는다. 내가 하나님을 소유하면 모든 걸 가진 것이기 때문이다. 정말 중요한 건 '내가 어느 곳에 가 있느냐'가 아니라 '그곳에 하나님이 나와 함께하시는가'이다.

많은 사람이 내가 좋은 학력에도 불구하고 몽골행을 결정한 게 많은 걸 포기하고 내려놓은 거라고 생각한다. 물론 나도 처음에는 그런 생각을 했다. 그러나 나는 몽골에서 하나님께서 내게 가장 좋은 걸 주시기 위해 그것을 내려놓게 하셨음을 깨달았다.

우리가 하나님을 믿으면서도 여전히 그분 앞에 내 것을 내려놓기 어려워하는 이유는 간단하다. 세상에 발 하나를 걸쳐 놓았기 때문이다. 그래서 결코 자기 걸 포기할 수 없다. 마지못해 빼앗길지언정 스스로 내려놓지는 못한다.

예수님은 우리를 세상에 보내는 게 마치 "양을 이리 가운데로 보냄과 같도다"(눅 10:3)라고 말씀하셨다. 이리는 '세상 또는 세상의 유혹'을 상징한다고 볼 수 있다. 양은 이리에게 진다. 그래서 세상에 발 하나를 걸쳐놓은 양은 반드시 진다. 우리가 세상이 주는 유혹을 이기기 어려운 건 낙타가 바늘귀에 들어가는 것만큼이나 어렵다. 양이 세상의 유혹이라는 이리를 이길 유일한 방법은, 목자 곁에 머무는 거다. 양은 목자와 함께 있는 한 안전하며 세상 유혹을 이길 수 있다.

다윗과 사울 그리고 야곱과 에서 사이에 극명한 차이가 있다. 사울과 에서는 세상의 넓고 편안하고 쉬운 길을 택했다. 그러나 다윗과 야곱에게는 고난이 주어졌고 오랫동안 그 길을 걸어가야 했다. 바로 그 차이로 다윗과 야곱은 축복의 통로로 사용되었고, 사울과 에서는 하나님께로부터 버려졌다.

누가복음에 나오는 부자 청년도 예수님을 따를 수 없었다. 우리가 돈의 영에 붙들려 있을 때는 예수님을 택하지 못한다. 두 주인을 섬기는 게 불가능하기 때문이다. 그래서 행복과 편안함을 추구할 것인가, 하나님을 추구할 것인가를 선택해야 한다. 좁은 길과 넓은 길 사이의 선택이다.

좁아 보이는 길이지만 하나님께서 인도하시는 길을 갈 때, 우리는 그곳에서 주어지는 하나님의 축복과 형통함을 소유한다. 또한 넓은 길이 편해 보이지만 사망에 이르는 길임을 알면 그 길을 가지 않을 수 있다.

그때 나는 다시 확인했다.
내가 내 아버지와 함께 있을 때 가장 행복하다는 것을.
환경은 그다지 문제가 되지 않는다.
내가 하나님을 소유하면 모든 걸 가진 것이기 때문이다.
정말 중요한 건 '내가 어느 곳에 가 있느냐'가 아니라
'그곳에 하나님이 나와 함께하시는가'이다.

© 이요셉

나는 하나님께서 내가 있기를 원하시는 곳에 그분이 원하시는 모습으로 서 있는 게 가장 큰 기쁨임을 유학이라는 광야를 걸으며 체험했다. 그러기에 또 다른 광야인 몽골이 내게는 두려움과 불안의 길이 아닌 형통과 평안으로 나아가는 길임을 확신할 수 있었다.

가장 좋은 것을
붙들기 위한 내려놓음

PART 2

하나님의 때를 기다리며
미래의 계획을 내려놓다

내려놓음의 시작

익숙한 곳에서 벗어날 때 우리는 내일을 예상할 수 없고, 의지할 대상이 없기 때문에 하나님을 더 찾게 되고 그분의 뜻을 더 구하게 된다. 하나님께서 믿음의 선진들을 광야로 불러내신 이유가 여기에 있다.

광야는 익숙하지 않은 곳이다. 다른 사람으로부터 도움을 받을 수 없는 환경이다. 내일 어떤 일이 발생할지 예측할 수 없는 절벽 사이의 길이다. 하나님은 그런 광야에서 우리를 만나주신다. 왜냐면 익숙한 곳에서는 우리가 하나님이 아닌 다른 것에 눈을 돌리며 그에 의지하려 하기 때문이다.

하나님께서 우리를 사용하시기 위해 우리를 변화시키려 하실 때, 먼저 익숙하지 않은 환경으로 몰아가신다. 예수님도 나고 자라신 나사렛에서는 배척을 받아 가버나움이나 갈릴리 연안 마을에서 활동하셨다.

예루살렘에만 안주하려던 초대교회는 결국 박해를 받아 흩어짐을 통해 복음을 전파했다. 원하든 원치 않든 익숙하지 않은 환경에 처해 막막한 가운데 살 때, 우리는 하나님의 일하심을 더욱 구체적으로 느낄 수 있다. 광야에서 우리는 내 지식과 경험으로 하나님의 일을 하는 게 아니라, 하나님께서 그분의 일을 우리 가운데 이루심을 목도한다.

하나님께서 내게 유학 생활이라는 광야를 거치도록 하시면서 움켜쥐고 있던 부분을 내려놓을 수 있게 도와주셨다. 그리고 그것이 얼마나 큰 축복인지도 가르쳐주셨다. 광야의 고난이 크면 클수록 하나님께 자신의 미래를 맡기는 게 더 쉽다. 어차피 내가 삶을 이끌어가는 것보다 하나님께 맡기는 게 더 안전하다는 사실을 체험하기 때문이다.

돌아보건대 유학 초기에 내가 힘들었던 가장 큰 이유는 내 안의 두려움 때문이었다. 미래에 대한 불안, 실패에 대한 걱정, 주변으로부터 인정받지 못할 것에 대한 초조로 두려웠다. 당시 하나님은 내가 그 두려움을 그분 앞에 내려놓기를 기다리

섰다. 나는 '내가 누구를 그리고 무엇을 두려워하는가'가 삶의 방향과 방식을 결정함을 깨닫기 시작했다.

우리는 종종 교수의 평가, 동료나 주위 사람의 시선, 상사의 반응, 이성 친구의 표정에 신경을 쓴다. 그들의 평가보다 하나님의 반응에 관심이 많다고 할 수 있는가? 누구의 평가에 관심을 쏟고 두려워하는가에 따라 우리의 시간과 에너지와 노력을 어디에 어떻게 쏟을지가 결정된다.

인생의 문제를 결정하는 방식

내가 유학이라는 광야학교에서 치른 첫 번째 훈련은 하나님께 미래를 내려놓고 맡기는 거였다. 이는 내 앞날의 방향과 문제를 그분께 묻고 그 뜻을 따라 결정함을 의미한다. 다시 말해, 내 미래를 결정하는 권한을 하나님께 양도하는 거다. 예수 그리스도를 주로 고백한다는 건 권리양도증서에 서명하는 걸 말한다.

그러나 우리의 삶 가운데 이 원칙을 실천하는 모습은 보기 힘들다. 학교나 직장을 선택할 때도 하나님의 뜻을 구하기보다 어느 학교나 직장이 자신의 사회적 성공이나 경제적 성취에 유리한지에 늘 관심을 쏟는다. 대학 입시에도 자신이 받은 성적과 입시 전문가의 조언이 우리를 향한 하나님의 계획보다 위에 있을 때가 있다. 우리는 신문에서 제시하는 경제 동향이나 유망 업종 소개, 그리고 친구나 주변 사람이 전하는 취업 정보에 정신이 팔려서 지내곤 한다.

그럴 때면 경제가 하향 곡선을 그린다는 언론 보도에 가슴이 철렁 내려앉는다. 주식 투자를 하는 사람에게 주식시장의 동향은 하나님이 오늘 나를 통해 이루고자 하시는 일보다 우선이다. 자연히 하나님의 뜻을 구하는 일은 뒷전이고, 하나님의 '간섭'이 귀찮아진다.

"하나님, 그냥 가만 계세요. 제가 알아서 할 수 있어요. 저를 내버려 두시고 방해만 하지 말아주세요."

내 인생을 향한 하나님의 계획이 무엇인지는 종종 우선순위에서 밀린다. 그러다가 우리가 스스로 해결할 수 없는 난제에 봉착했을 때 하나님께 묻는다. 더 이상 어쩔 수 없을 때 밑져야 본전이라는 심정으로 "하나님, 도와주세요"를 외친다. 그리고 어려움에 부닥쳤을 때, 하나님이 계시면 어떻게 이럴 수 있냐고 항변한다.

반대로 난관에 처할 때, 첫 반응이 하나님을 찾는 게 아닌 경우도 많다. 먼저 주변 친구나 친지에게 도움을 요청한다. 열심히 책을 보고 연구하거나 전문가의 조언에 귀를 기울인다. 어떻게든 내가 아는 정보나 인적 자원 또는 사회적 관계망을 동원해서 익숙한 방법으로 해결해보려 한다.

우리가 이런 삶의 방식에 머무르면 하나님은 그저 멀게만 느껴진다. 하나님의 존재는 인정하지만 그분과 긴밀한 관계를 갖지 못한다. 하나님을 믿는 사람이 인생의 중요한 문제를 결정하는 방식을 일견해보면, 그가 하나님과 어떤 관계인지 알 수 있다. 그의 삶에서 하나님이 어떤 의미를 갖는 분인지 쉽게 알 수 있다.

만약 우리가 기도 가운데 하나님이 정하신 길이라 확신하며 움직이면 어떤 어려운 상황에도 그분의 인도하심을 구하며 나아갈 수 있다. 그리고 어려움이 하나님을 더욱 신뢰하게 만드는 도구에 불과함을 깨닫는다. 반대로 하나님께 묻지 않고 혼자 결정해서 길을 가는 사람은, 어려운 문제가 닥치면 피해 가려고 한다. 그리고 더 전망 있고 안전한 길을 모색하지만 늘 불안하고 피곤할 뿐이다. 인생의 짐이 무겁게만 느껴질 것이다.

의인은 믿음으로 말미암아 살리라

하나님께서는 여러 가지 방법으로 그분이 내 미래를 인도해가고 계심을 예시해주셨다. 박사과정 2년 차를 마칠 무렵이었다. 박사과정에서 가장 큰 고비는 논문 자격시험이다. 입학 고사가 따로 없이 서류 전형으로 학생을 선발하는 미국 대학은 논문 자격시험을 통해 학생들을 거른다. 이 시험은 두 번 치르는데 둘 다 실패하면 집으로 돌아가야 했다.

논문 자격시험의 첫 과목은 제2외국어로, 나는 독일어를 선택했다. 미국 학생들에게는 매우 쉬운 시험일 수 있으나 두 페이지에 빽빽하게 나열된 독일어를 2시간 안에 영어로 번역해야 해서 상당히 부담이 되었다. 물론 준비할 시간이 많다면 문제가 되지 않겠지만 다른 중동 지역의 언어 공부에도 시간을 투자해야 해서 독일어 공부에 할애할 시간이 극히 제한되었다.

실제로 기출 문제로 테스트해보니 시간이 많이 부족했다. 정해진 시간에 한 페이지 반밖에 번역할 수 없었고, 그마저 옳은 번역인지 자신이 없었다. 나는 불안을 이기기 위해 기도했다. 기도 중에 하나님께 강하게 호소했다.

'하나님! 이번 시험에 떨어지면 재시험의 기회는 있겠지만, 제게는 다시 시험을 볼 힘이 남아 있지 않습니다. 제가 유학 생활을 계속하는 게 하나님의 뜻이라면 한 번에 붙게 해주세요. 이번에 떨어지면 하나님의 인도하심이 없는 줄 알고 짐 싸서 한국으로 돌아가겠습니다."

물론 좋은 방식의 기도는 아니었지만 시험 결과를 놓고 하나님께 공을 넘기고 나니 마음이 평안했다. 며칠 후 시험 당일, 내 앞에 주어진 문제지를 보자마자 나는 너무 놀라 입을 다물

수가 없었다. 첫 번째 지문으로 마르틴 루터가 종교개혁을 할 당시에 로마서 1장을 들어 강해한 내용을 번역하는 문제가 출제되었다.

교회 청년부 시절에 로마서 내용으로 성경공부 교재도 만들어본 경험이 있어서 번역이 어렵지 않았다. 첫 번째 지문의 맨 마지막 "의인은 믿음으로 말미암아 살리라"를 영어로 번역하면서 나는 속으로 '아… 하나님, 살았습니다'라고 외쳤다.

첫 문제를 30분 만에 번역했기에 두 번째 지문을 번역하는 데 1시간 30분을 사용할 수 있었다. 그렇게 2시간 안에 가까스로 완역을 해냈다. 시험을 다 치른 후, 어떻게 세속적인 대학인 하버드 대학, 그중에서도 역사학과의 시험문제에 성경 내용이 출제될 수 있었는지가 궁금해서 정황을 알아보았다.

해마다 시험문제를 출제하는 독일 현대사 전공 교수가 안식년을 맞아 학교를 비워서 그를 대신하여 다른 교수가 출제위원이 되었다. 그런데 그의 전공이 종교개혁 시기의 유럽사였다. 아마 그가 종교개혁에 관련된 사료를 가지고 수업 준비를 하다가 출제 시간이 임박하자, 보고 있던 마르틴 루터의 글이 담긴 페이지를 복사를 맡겨 출제한 게 아닌가 싶었다.

그 교수에게는 우연한 일이었을지 몰라도, 짧은 시간 안에 내가 번역할 수 있는 유일한 문제가 출제된 건 내게 결코 우연이 아니었다. 그의 서고에 가득 꽂혀 있을 독일어 책 중에서 내가 가장 쉽게 해석할 수 있는 몇 안 되는 페이지에서 문제가 나왔기 때문이었다. 이를 통해 나는 유학생활의 성패가 하나님의 계획 안에 있음을 다시 한번 확인했다.

삶의 주도권 내려놓기

하나님의 음성을 들으며 산다는 건 우리를 무척이나 흥분시키는 모험이다. 내가 '모험'이라는 표현을 쓰는 이유는 쉽지만은 않은 길이기 때문이다.

상하이 코스타에서 '하나님의 음성 듣기'라는 강의를 진행하다가 질문을 받았다. 한 청년이 하나님의 말씀을 들어야 할 필요를 느끼며 늘 말씀을 들으려고 기도하지만 끝까지 기다려도 하나님의 응답이 없었다고 했다. 그는 결국 자신이 계획하던 방향으로 일을 처리하곤 했다며 이런 상황에서는 어떻게 하냐고 물었다. 내가 대답했다.

"혹시 응답이 없을 때 그저 움직이지 않고 데드라인을 넘기면서 기다려본 적이 있습니까?"

"아니요, 그런 적은 없었던 것 같네요."

"다음에는 그렇게까지 기다려보세요. 그것이 신뢰입니다."

응답을 받기 위해서는 하나님께서 결코 늦게 응답하지 않으시며 가장 좋은 타이밍을 알고 계심을 신뢰해야 한다. 미래의 계획을 내려놓는다는 건 어느 날 갑자기 완성되는 게 아니다. 하나님과의 오랜 교제 가운데 그분의 성품을 이해하고 더욱 사랑하고 신뢰하면서 조금씩 내려놓을 수 있다.

물을 두려워하는 사람이 수영을 배울 때에는 물에 몸을 맡겨야 뜰 수 있음을 배우는 과정이 필요하다. 물에 몸을 맡겨도 안전하다는 사실을 깨닫기까지는 물속에서 실수하며 물을 먹는 과정을 거치게 마련이다. 유학 시절, 내가 하나님께 미래를 맡길 수 있었던 건 그 이전부터 그분에 대한 신뢰가 쌓여 있었기 때문이다.

둘째 아이 서연이는 내 품에 안겨 있을 때 종종 장난삼아 몸을 뒤로 확 젖힌다. 떨어지지 않게 내가 팔로 자신을 받쳐주리라 확신하기에 그 놀이에 재미를 느낀다. 그러나 다른 사람에게 안기면 결코 똑같이 행동하지 않는다. 안고 있는 사람과 신뢰 관계가 없기 때문이다. 나는 아이를 보며 믿음이란 하나님께 전적으로 몸을 맡기는 행위라는 깨달음을 얻었다.

믿음의 조상이 된 아브라함도 어느 날 갑자기 하나님께 전적인 순종의 삶을 살았던 게 아니다. 그가 하나님으로부터 받은 약속의 근거가 되는 아들을 하나님의 명령에 따라 바치기로 결정한 순간에 이르기까지 하나님과 그 사이에는 오랜 밀고 당김이 있었다.

아브라함이 아들을 갖기 1년 전, 하나님은 아브라함에게 나타나셔서 "내 앞에서 행하여 완전하라"(창 17:1)라고 말씀하셨다. 그때까지 아브라함은 비록 하나님이 자손을 번성케 하실 걸 신뢰하면서도 자기와 사라 사이에서 태어나는 아들을 통해서일 거라는 부분은 신뢰하지 않았다. 그래서 여종 하갈에게서 난 이스마엘에게 기대를 걸었다. 그는 부분적으로만 하나님을 신뢰했다. 이성적으로 신뢰가 가지 않는 부분은 자기 방식대로 해석하려고 했다.

아브라함이 하나님을 신뢰하기까지는 시간이 필요했다. 하나님을 알아가는 시간 가운데 그는 여러 번 실수했다. 그러나 하나님은 그를 포기하지 않고 끝까지 인도하셨다.

우리는 처음부터 큰 것을 내려놓지 못한다. 작은 것을 내려놓는 단계적 훈련을 겪어야 비로소 큰 걸 내려놓을 수 있다. 이것이 하나님이 광야에서 아브라함을 훈련시키신 방법이었다. 그는 실수하면서 하나님을 다시 깊이 알아가게 되었고, 결국 이삭을 바치라는 최후의 시험을 통과할 수 있었다.

바빠야 성공한다?

미래의 계획을 맡긴다는 건 내가 구상하는 시간표도 함께 하나님께 맡기는 것을 말한다. 즉, 내가 소망하는 것이 단계적으로 이루어질 시점도 하나님께 의탁하는 거다.

근대사회를 맞으면서 세계는 빠른 속도로 변하기 시작했다. 산업혁명 이후 유럽의 대도시에는 근대 문명을 상징하는 거대한 시계탑이 솟아오르고, 시계가 문명의 상징으로 부상하여 시간의 폭압이 우리를 억누르기 시작했다.

그 이전의 시기와는 다른 시간관이 우리를 지배하게 되었다. 시간에 오차가 생기면 비행기가 추락하거나 배가 멈추는 위험한 순간을 맞는 시스템에 우리 삶이 맞춰졌다. 그에 따라 점차 더 부지런하고 바쁘게 살아야 성공한다고 믿었다.

한국 사회도 근대화를 겪으면서 시간을 아끼는 미덕을 강조했다. "새벽종이 울렸네. 새 아침이 밝았네. 너도 나도 일어나 새 마을을 가꾸세"라는 〈새마을 노래〉가 좋은 예이다. 새로운 사회 건설을 위해 잠자는 시간까지도 아껴야 했다. 입시 때마다 등장하는 '사당오락'(四當五落)은 입시를 위한 노력이 잠자지 않고 깨어 있는 시간으로 계량화된 통념이다.

특히 한국 문화는 나이에 민감하다. 나이에 맞추어 사회적 대우와 조건이 결정된다. 특정 나이가 되기 전에 입사하지 않으면 회사에 다닐 기회가 주어지지 않는다. 그래서 젊은이들은 제약을 받는 나이가 되기 전에 사회적 안정과 성공을 위해 정신없이 바쁜 시간을 보낸다. 더욱이 경쟁에서 낙오하지 않기 위해 다른 사람을 돌아볼 여유도 없이 앞만 보며 달려간다.

한국 교회도 시간을 아끼고 통제하기 위해 노력을 기울인다. 근면의 미덕을 강조하고 게으름을 책망하는 가르침이 강단에 넘쳐흐른다. 성도도 이런 풍조에 휩싸인다. 교회 지도자들도 빨리빨리 다음 단계로 넘어가는 일에 분주하다. 하나님의 시간표는 내 욕구에 밀려 안중에도 없다. 우리는 기도 가운데 늘 외친다.

"속히 주시옵소서."

나 또한 이십 대 후반까지 시간에 쫓기며 바쁘게 살았다. 한 해라도 먼저 공부를 마치고 싶은 의욕이 앞섰다. 빨리빨리 앞으로 나아가고 싶었다. 하나님께서 내 인생을 인도하실 걸 신뢰했지만 그 타이밍에 있어 하나님의 계획과 내 계획이 달랐다.

근래 들어 한국 사회는 더 정신없이 분주해지고 있다. 특히 IMF의 충격파 이후, 바쁘지 않으면 불안해하는 중독 증상이 사람들 사이에 퍼진 것 같다. 바빠 보이는 게 미덕이 되고 너무 바쁘다는 말을 자랑처럼 하기도 한다.

일과가 끝난 저녁에는 늘 약속을 잡아 지속적으로 여러 사람과 관계의 끈을 만들려고 애쓰는 모습이 자주 눈에 띈다. 그렇게 하지 않으면 낙오될 것 같은 불안이 엿보인다.

이런 노력의 배후에는 시간을 잘못 경영하면 인생을 허비할 수 있다는 불안이 작용하는 것 같다. 그러나 무조건 시간을 아끼려고 노력한다고 인생을 허비하지 않는 게 아니다.

하나님 안에서 인생의 목적을 발견하며 그것을 이루어가는 과정에서 그분을 순전히 의지할 때, 우리는 시간을 제대로 사용할 수 있고 인생을 낭비하지 않게 된다.

"세월을 아끼라"(엡 5:16)라는 성경구절은 많은 경우에 더 열심히 물리적 시간을 절약하며 살라는 뜻으로 이해되었다. 헬라어에는 시간을 뜻하는 두 단어가 있다. 하나는 물리적인 시간을 지칭하는 '크로노스'이고, 다른 하나는 때, 기회를 뜻하는 '카이로스'이다. 성경에서 세월을 아끼라고 할 때 사용된 단어는 카이로스로 하나님의 때를 말한다. 그 말씀은 곧 하나님의 기회를 놓치지 말고 잡으라는 뜻이다.

우리는 물리적인 시간을 아끼기 위해 열심히 노력하지만 정작 중요한 하나님의 기회를 잡는 데는 소홀할 수 있다. 무의미하게 믿음 없이 반복하는 일들이 하나님의 관점에서는 시간을 낭비하는 것일 수 있다. 우리가 애써 추구하는 일들이 하나님 보시기에는 무의미한 반복일 수 있다. 신앙생활이라고 믿고 행하는 일들이 하나님과 동행하는 과정에서 이루어지지 않는다면, 오히려 하나님의 기회를 놓치게 만드는 일이 될 수 있다.

예수님은 십자가 위에서 돌아가시면서 "다 이루었다"라고 말씀하셨다. 정작 사람의 눈으로 볼 때는 이루어진 게 없었다. 이스라엘에는 여전히 병자들이 넘쳐났고 믿지 않는 사람과 죄인투성이였다. 일에 초점을 맞춘다면 예수님은 너무나 많은 걸 하지 않고 돌아가셨다. 그럼에도 다 이루었다고 말씀하신 이유는 예수님이 하나님의 완벽한 스케줄과 타이밍 가운데 그분의 계획을 신뢰하셨기 때문이다.

예수님은 당신이 십자가를 짊어지는 걸 통해 하나님께서 이루실 인류 구원의 계획을 신뢰하면서 당신이 받아야 할 고통의 잔을 받으셨다. 그래서 그 믿음과 순종으로 하나님의 온전하신 계획이 다 이루어졌다고 고백하실 수 있었다. 예수님은 하나님의 때를 읽고, 그 기회를 잡으셨다.

시간을 하나님께 맡긴다는 것

이십 대 시절, 내게 참 부담스러운 말씀이 있었다. "누구든지 너로 억지로 오 리를 가게 하거든 그 사람과 십 리를 동행하고"(마 5:41)였다. 이 말씀이 기록된 당시 시대상에 비춰보면 로마 병사나 행정관이 억지로 부역을 시킬 때도 더 적극적으로 도우라는 말씀으로 해석할 수 있다.

하지만 바쁜 학창 시절을 보냈던 나로서는 차라리 다른 사람에게 겉옷을 벗어주라면 줄 수 있어도, 시간을 나누어준다는 건 매우 부담스러웠다. 시간만큼은 내가 관리하고 싶었다.

그러나 시간은 내가 아끼려고 노력한다고 아낄 수 있는 게 아니었다. 하나님이 정하신 타이밍이 변동되는 게 아니기 때문이다. 우리는 믿음생활을 할 때 시간이 하나님의 주권 아래에 있음을 인정하고 안온히 하나님의 때를 기다려야 한다.

실제로 우리가 오랫동안 열심히 작업한 것이 무의미하게 끝나버리는 경우도 허다하다. 나도 수개월 이상 열심히 수집한 자료가 나중에 무의미해진 적이 여러 번 있었다. 전공이 바뀌면서 이전의 전공을 위해 준비해놓은 대부분이 전혀 필요 없었다. 열심히 시간을 내어 공들인 관계가 수포로 돌아가기도 했다. 반면 군대에서 말년에 좋은 보직으로 옮겨가 제대 후의 일을 준비하는 데 시간을 귀하게 쓸 수 있었던 경험도 있다.

우리는 종종 잠을 줄이고 쉬는 시간을 줄이면 시간이 더 많아질 거라고 착각한다. 그러나 어떤 방향을 향해, 어떤 방식으로 시간을 쓰는가가 더 중요하다. 어떤 사람이 시간을 쓰는 방식을 보면 그가 자기 인생을 사는지 아니면 그의 안에 계신 하나님께서 사시는지를 분별할 수 있다.

우리 눈에는 모세의 40년 광야 생활이나 아브라함의 오랜 광야의 시간이 낭비처럼 보일 수 있다. 인생의 목적이 단지 짧은 시간 안에 많은 걸 성취하는 데 있다고 생각하는 사람들에게는 견디기 어려운 인고(忍苦)의 시기이다. 그러나 하나님은 무의미한 것처럼 보이는 시간을 통해 당신의 사람들을 성장시키신다.

몽골 초원에서의 묵상

미국에서 인터넷으로 지도 서비스를 요청해서 보면 고속도로를 통해 최단 시간에 목적지까지 도달하는 방법을 쉽게 알 수 있다. 고속도로 여행에서는 단시간 내에 가는 게 가장 중요한 미덕이다. 그러나 몽골 초원을 달릴 때는 시속 30킬로미터 이상의 속도로 여행하기가 힘들다. 차에 무리가 가고 탑승자들도 충격을 많이 받기 때문이다. 몽골 초원을 여행하면서 나는 인생길에 대해 묵상하곤 한다.

달리다가 타이어가 펑크 나면 시간을 들여 고쳐서 다시 길을 떠난다. 강을 만나면 건널 수 있는 지점을 찾아 멀리 우회한다. 산을 만나면 물어물어 돌아서 가야 한다. 여러 갈래의 길 중에서 편한 길을 찾아가면 되지만 목적지에 가기 위해서는 꼭 거쳐야 하는 지점도 있게 마련이다. 이런 길을 가면서 단기간 내에 당도해야 하는 여행과는 다른 개념의 여행을 경험한다. 이는 우리가 가야 하는 인생길과 흡사하다.

몽골 초원을 여행하다 보면 강을 자주 만난다. 초원에 흐르는 강은 많은 굴곡을 만들며 굽이굽이 흘러간다. 이 강들이 가는 방향이 있다. 바로 낮은 곳이다. 강은 낮은 곳을 향해 가며 평원의 파인 곳 사이를 누비면서 흘러간다. 강기슭에는 항상 푸르름이 있다. 강 주변에는 풀과 나무가 자라며 동물들이 서식한다.

강이 돌아가면 갈수록 초원의 더 많은 지역이 푸르러진다. 강을 통해 축복의 지역이 더 넓어진다. 하나님과 동행하는 삶은 초원의 강이 가는 길과 비슷하다. 목적을 이루는 것보다 과정이 중요하다. 돌아가면 돌아갈수록 우리의 주변은 풍성해진다.

하나님은 당신의 큰 계획 가운데 우리를 참여시키기 전에 우리 앞에 좁고 험해 보이는 길을 보여주신다. 그분이 주시는 길은 겉으로 볼 때 초라하고 보잘것없어 보일 수 있다. 마음이 가난해지기 전에는 붙잡기 어려운 길이다. 우리 눈에 편하고 넓어 보이는 길을 내려놓아야 택할 수 있는 길이다.

우리 관점에서 선택한 길을 내려놓아야 하나님의 축복을 얻는다. 그리고 그 선택을 통해 다른 사람에게 축복이 흘러간다.

© 이요셉

강기슭에는 항상 푸르름이 있다.
강이 돌아가면 갈수록 초원의 더 많은 지역이 푸르러진다.
하나님과 동행하는 삶은 초원의 강이 가는 길과 비슷하다.
목적을 이루는 것보다 과정이 중요하다.
돌아가면 돌아갈수록 우리의 주변은 풍성해진다.

하나님께서 아브라함에게 특별한 축복을 약속하신 이유는 그 복이 다른 사람에게 미치게 하기 위해서였다. 아브라함은 자기가 익숙한 땅을 떠나 하나님과의 여행을 시작했다. 그 여행을 통해 전 인류에게 하나님의 복이 흘러가게 되었다.

그러나 하나님과 함께하는 좁은 길을 선택하는 자에게 준비해두신 그분의 축복은 그 길을 선택하기 전에는 볼 수 없다. 하나님께서 이삭 대신에 희생제물로 준비해두신 양은 아브라함이 순종하기로 결단한 이후에만 볼 수 있었다. 여호와 이레의 하나님은 우리가 미래를 내려놓는 순종의 결단을 하기 전까지는 철저히 가려져 있다.

아내와 함께 섬길 사역지

유학 시절 초기에 아내는 내가 너무 힘들게 공부하는 모습을 보고, 자신은 결코 박사과정 공부와는 어울리지 않는다고 생각했다. 그래서 공부를 계속하고 싶다는 마음을 접고 내 학업 지원에 만족하기로 하고, 아이를 돌봐주는 아르바이트를 하고 있었다.

그러던 어느 날, 후배 부부와 함께 식사할 기회가 생겼다. 그 후배의 부인은 교육학을 전공하고 있었다. 식사를 마친 후에 집에 돌아온 아내의 모습이 평소와 좀 달라 보였다. 그래서 단도직입적으로 물었다.

"여보, 그 후배 부인이 공부하는 모습이 부러웠어요?"

"…."

긍정이 섞인 묵묵부답이었다. 그때부터 나는 아내의 학문의 길을 놓고 기도했고 결국 하나님의 응답을 받았다. 어느 주일에 예배를 드리는데 내 머릿속에 '임상 영양'이라는 단어가 선명하게 떠올랐다. 그리고 '아동'이라는 단어도 이어 떠올랐다.

예배 후 내가 아내에게 '아동 임상 영양학'이라는 학문 분야가 있냐고 물었더니, 아내가 깜짝 놀라며 있다고 답했다. 잠시 후에 아내가 말했다.

"사실은 한국에서 영양학 석사과정에 입학할 때 임상 영양학을 전공한 교수님 밑으로 들어가고 싶었는데, 경쟁이 생겨서 다른 학생들에게 양보하고 다른 전공 교수님에게 지도를 받았어요."

그래서 우리는 그 전공을 공부하려면 어떻게 해야 하는지 알아보았다. 마침 미국 동부 지역에서는 '임상 영양사'라는 직업이 여성의 전문직으로 각광을 받고 있었다. 또한 아내가 영양학 석사 학위가 있어서 영양사 인턴십 과정을 밟기 위해 임상 영양학 과정을 개설한 미국 대학에서 추가 과정만 들으면 된다는 사실을 알았다.

나는 아내가 선교지에서도 전문 지식과 자격증이 있는 게 유리하며, 그녀 몫의 사역이 있을 거라고 생각했다. 결국 아내는 시몬스대학(Simmons College)에서 시간제로 수업을 듣게 되었다.

2000년 여름, 나는 미시간대에서 페르시아어 연수 중에 몽골에서 사역하다 안식년을 맞아 미국에 온 한 선교사를 우연히 만났다. 몽골국립과학기술대학에 구내식당을 개설하고, 몽골영양개선연구소 설립에 산파역을 담당했던 윤향숙이라는 분이었다. 몽골영양개선연구소는 임상 영양과 관련된 법규 개정에 대하여 몽골 정부에 자문을 해주고, 몽골 내 수많은 만성질환자들의 영양 및 건강과 직결되는 중요한 사항을 다루는 곳이라고 했다.

돌아보면 하나님의 엄청난 간섭하심이 짧은 만남 가운데 있었다. 그 만남으로 내 머릿속에서 '몽골'이라는 단어와 '영양'이라는 단어가 나와 아내의 전문 영역과 관련해서 묘하게 합쳐졌다. 당시 나와 아내는 우리가 함께 섬길 수 있는 곳을 하나님께서 주시는 사역지로 여기고 가겠다고 기도하고 있었다. 몽골은 내 박사논문의 중심 무대 중 하나였다. 나는 유목 제국과 농경지대인 이란, 중국과의 관계에 대한 논문을 구상하고 있었고, 몽골 제국 시기에 특별한 관심을 가졌다.

게다가 몽골은 영양 문제와 관련된 전문적 도움이 절실했다. 미개발 국가의 경우 대부분 국민의 영양 결핍 문제가 심각했는데 특히 몽골은 생태적, 문화적 이유로 육식을 주로 해서 비타민 결핍으로 인한 병이나 성인병에 걸려 죽는 비율이 높았다. 그래서 국민 평균 수명도 매우 낮았다.

내 유목 역사에 대한 학문적 관심과 아내의 전문성이 몽골이라는 나라를 통해 하나로 연결되고 있음을 보았다. 그래서 아내가 단순히 임상 영양사의 길을 가기보다는 박사과정을 공부해서 몽골의 영양 문제에 본격적인 도움이 되면 좋겠다고 생각했다. 그전까지 박사과정에 마음을 열지 못하던 아내도 박사과정에 대한 기대와 몽골의 영양 문제에 대한 비전을 품기 시작했다. 하지만 당시 6개월 된 아이가 있는 상황에서 육아와 가사의 부담을 안고 공부한다는 게 도저히 엄두가 나지 않는 모양이었다. 그런 아내의 걱정에도 불구하고 주변 환경은 그녀가 박사과정을 지원하는 쪽으로 급속도로 변했다.

하고 싶다고 고백할 때까지

하나님께 미래를 내려놓을 때, 그분은 우리를 성장시키거나 구원을 이루시기 위함이 아니라면 우리가 원치 않는 걸 억지로 시키지 않으신다. 하나님은 선한 일을 시작하실 때 먼저 우리 안에 기쁨의 소원을 일으키신다.

아내는 나를 비롯하여 시몬스대학과 모교 교수님들, 교회 선배와 후배들의 적극적인 도움과 격려에 이끌려 박사과정에 지원했다. 그러나 원서를 내고서도 그녀의 마음에 기쁨과 평안이 없었다. 합격이 안 되어도 슬플 것 같고, 합격해도 고된 박사과정을 해야 하는 게 자신이 없어 불안해했다.

시간이 흘러 합격자 발표가 나야 할 시점이 보름이나 지났음에도 학교로부터 아무 연락이 오지 않았다. 학교에 전화해 보았지만 "너무 어려운 결정이라 1주일 정도 더 걸릴 것 같다"라는 대답만 돌아왔다.

그즈음 아내는 자신이 지원한 터프츠대학(Tufts University)에 가서 학과 교수들을 만날 기회가 있었다. 아내는 그들로부터 격려를 받으며 학과의 따뜻한 분위기를 느꼈다. 그리고 자신이 원하는 전공 교수의 집까지 가서 대화를 나누고 상기된 얼굴로 집에 돌아와 내게 고백했다.

"여보, 만약 내가 이 학교에서 떨어진다면 너무 슬플 것 같아요. 박사과정 공부를 하고 싶어요."

아내는 하나님께 자신의 심정을 토로하며 기도했다. 합격해도 학교에 다닐 수 있을지 고민하던 걸 내려놓고, 꼭 그 학교에서 공부하고 싶다는 쪽으로 심경에 큰 전환이 일어났다.

3일이 지나 합격통지서가 도착했다. 나는 아내가 공부하고 싶다고 하나님께 기도하고 나서 합격이 결정되어 합격통지서가 배달된 것임을 알았다. 보통 합격자가 결정되어 통지서를 우편으로 받기까지 3일 정도 소요되기 때문이었다. 아내는 합격통지서를 받고 뛸 듯이 기뻐하며 말했다.

"하나님은 절대로 내가 하기 싫은 일을 시키는 분이 아님을 알았어요. 내가 그 일을 하고 싶다고 고백할 때까지 기다리시지요."

하나님께서 아내의 입학을 허락하시기 전에 그녀의 고백을 듣고 싶으셔서 보름간 합격 결정을 유보하셨던 것 같았다.

예측하지 못한 길

위기 상황에도 여전히 하나님의 도우심을 신뢰함으로 평안 속에 거할 수 있다면, 하나님과 관계가 친밀한 것이다. "믿음은 바라는 것들의 실상이요 보지 않는 것들의 증거"(히 11:1)이다. 피할 곳, 빠져나갈 구멍이 없는 것 같은 상황 가운데로 떠밀려 갔을 때 우리가 얼마만큼 하나님을 신뢰하는지 깨닫는다.

그것을 확인시키려고 하나님은 우리를 막다른 골목으로 몰아가기도 하신다. 그곳이 바로 광야이고 거기서 우리는 하나님을 새롭게 만난다. 하나님은 우리의 실수까지도 그분의 계획 가운데서 완벽하게 이용하신다. 또한 우리의 무지도 그분의 뜻을 이루는 도구로 사용하신다.

하나님께서 우리 삶에 계획이 있으시고, 그것을 이루기 위해 먼저 일하신다는 사실이 위태롭게 보이는 인생길에 크나큰 위안이 된다. 유학 초기에 나와 신앙을 나누던 한 절친한 형제가 MIT(매사추세츠공과대학)에서 해양학 분야의 박사과정을 공부하고 있었다. 그는 늘 하나님에 대한 신실함과 전도에 대한 열정이 넘쳤다.

그는 결혼한 지 얼마 되지 않아 박사논문 자격시험을 보아야 했다. 이전에 떨어진 적이 있어 마지막 기회였기에 합격을 바라며 열심히 준비하고 간절히 기도했다. 그가 다니던 교회 교우들도 열심히 기도해주었다. 그런데 결과는 실패였다. 그들 부부는 큰 충격을 받았고, 함께 기도하던 이들도 크게 실망했다. 나도 내가 당한 일처럼 속이 상해서 하나님께 따졌다.

'하나님, 실망입니다.'

당시 내게 대학원 과정의 실패는 곧 인생의 실패를 의미했기에, 그 과정을 넘어서는 하나님의 섭리와 계획을 볼 수 없었다. 그런데 그 부부에게 더 좋은 결과가 기다리고 있었다는 걸 수년이 지나 알았다. 그 형제는 학교를 옮기면서 의학 부문과 연관 분야로 방향을 바꾸어 더 재미있고 보람 있게 논문 작업을 했고, 졸업 후 진로도 순조롭게 인도되었다(현재 한국에서 해양 연구소가 있는 대학의 교수로 재직하고 있다).

그 부부가 MIT와 보스턴에서의 생활을 빨리 내려놓을수록 하나님에 대한 신뢰 가운데 더 빨리 평안함을 누릴 수 있었을 것이다. 우리가 실패와 좌절에 처했을 때 자신의 목표만 붙잡고 잃어버린 것에 연연하면 두려움과 절망에 구속되고 만다. 반면에 실패에 연연하지 않고 그것을 사용하실 하나님을 신뢰하면 평안함과 자유함 가운데 거할 수 있다.

예수님이 말씀하신 "진리를 알지니 진리가 너희를 자유롭게 하리라"(요 8:32)라는 말씀이 그것을 잘 설명해준다. 그리스도를 따르는 사람은 실패 너머에 있는 하나님의 큰 계획을 볼 수 있는 믿음의 눈을 갖게 된다.

어려운 상황 가운데 하나님의 큰 계획을 보았던 또 다른 예가 있다. 보스턴에서 힘겹게 살면서 학업을 준비하던 한 부부가 있었다. 둘 다 직장에 다니다가 1년간 어학 연수차 휴직하고 보스턴에 왔다가 회사가 IMF 위기 상황을 맞으면서 갑작스레 퇴직 처리가 되었다. 그들은 정말 아무것도 남은 게 없다고 생각했다. 남편은 아르바이트로 생계를 유지하며 매일 1불만 쓰기를 결단하고 경영대학원에 입학할 준비를 했다.

하루는 내가 차로 교회에서 집까지 그들을 데려다줬다. 그때 그 부부가 고백했다.

"우리 같은 사람이 보스턴에 있으니 열심히 사는 사람들과 비교도 되고, 많은 사람에게 누를 끼치는 것 같아요. 도대체 우리는 무엇 때문에 보스턴에 와 있는 건지…."

나는 그저 위로의 말밖에 할 수 없었다.

"하나님께서 두 분을 위한 계획을 갖고 계세요. 보스턴으로 부르신 분명한 이유가 있을 것입니다. 아직 드러나지 않았을 뿐이지요."

나중에 고백하기를, 그 말을 듣고 그들은 밤새 집에서 목놓아 울었다고 했다. 이 부부는 보스턴에서 하나님을 깊이 만났다. 1년이 채 안 되어 남편은 어려운 상황 속에서도 미국 서부에 위치한 경영대학원에 들어갔다. 졸업 후에는 취업난에도 불구하고 동부의 큰 제약회사를 거쳐 지금은 존슨앤존슨 한국 지사에서 근무하고 있다.

우리가 모든 일 가운데 하나님의 선이 이루어질 것을 신뢰할 때, 미래에 대한 두려움에서 벗어나 자유를 누릴 수 있다. 그리고 이 진리에 대한 믿음이 우리 삶을 평강으로 인도할 것이다.

우루무치에서의 깨달음

최근에 나는 12년 전쯤 받은 비전에 대한 새로운 깨달음과 내 인생의 방향에 대한 하나님의 약속과 섬세한 인도하심을 깊이 묵상하는 시간을 가졌다. 2006년 1월 말, 중국 신장 지구의 주도(主都)인 우루무치에서 중국, 중앙아시아 그리고 중동 지역의 사역자들이 모이는 선교 콘퍼런스가 열렸다.

나는 이 모임에 북경 한인교회와 상하이 연합한인교회의 초청으로 강사 자격으로 참석하여 아시아 선교 역사를 강의했다. 콘퍼런스 중 엄기영 목사님(상하이 연합한인교회)의 설교를 들으며 유학 떠나기 전 진로를 두고 기도하며 품었던 '요셉과 다니엘의 삶'이라는 비전이 되살아났다.

목사님은 요셉이 꿈을 꾸고 싶어서 꾼 게 아니라고 했다. 그 꿈은 어느 날 갑자기 하나님으로부터 주어진 거였다. 우리는 자신의 욕심으로 세운 미래의 계획과 비전을 종종 하나님이 주신 비전으로 착각한다. 하지만 우리 삶의 목표는 하나님의 비전이 무엇인지를 묻고 그에 자신을 의탁하는 것, 즉 내 것을 내려놓고 하나님의 것을 붙드는 것이다.

선교사나 교회 사역의 방식도 마찬가지여야 한다. 진정한 선교는 하나님께 자신을 그 땅에 보내신 이유를 묻고 그분의 인도하심에 자신을 맡기는 것이다. 하나님의 놀라운 일하심을 목도하는 증인이 되도록 자신을 참여시켜달라고 기도하면서 하나님의 계획의 일부로 쓰임 받도록 자신을 드려야 한다.

요셉과 다니엘에게는 여러 가지 공통점이 있었다. 하나님의 계시를 받았고 이상이나 몽조를 해석하는 지혜를 가졌다. 또 둘 다 외국에서 나그네의 삶을 살면서 외국인과 자신의 디아스포라('흩어진 사람들'이라는 뜻으로, 전 세계에 흩어져 살면서 유대교의 규범을 유지하는 유대인) 민족을 섬겼다.

두 사람에게는 하나님의 약속에 대한 소망이 있었다. 요셉은 자신의 후손이 다시 하나님의 약속의 땅에 들어가기를 바랐다. 다니엘은 이 땅 가운데 임할 하나님나라를 소망하며 살았다. 그들은 현실에서 당시 세상을 지배하던 민족을 치리하는 가장 높은 지위에 있었지만, 그것이 삶의 목표는 아니었다. 그들의 궁극적인 꿈은 하나님나라의 실현이었다.

1989년, 몽골에 선교사로 간 사람도 없었고 중국도 개방되어 있지 않은 시절에 나는 '중국 서북 지역의 무슬림의 반란'을 주제로 학부 졸업논문을 썼다. 그리고 석사과정에서 중앙아시아사로, 박사과정에서 중동사로 연구 방향을 옮겼다. 콘퍼런스에 모인 사역자들이 사역하는 국가 모두를 전공 영역으로 다루었던 것이다.

거의 20년 전인 학부 1학년 때부터 하나님은 이들을 섬기기 위해 나를 준비시키셨다. 당시는 왜 하나님께서 자꾸 낯선 방향으로 나를 몰아가시는지 이해가 안 갔는데 콘퍼런스를 통해 비로소 그 뜻을 헤아릴 수 있었다.

이 일을 계기로 나는 12년 전 중고등부 교사로 참여한 수련회에서 하나님께서 나를 '요셉과 다니엘의 삶'으로 이끄시겠다고 하신 뜻도 깨달았다. 다른 나라에 흩어져 있는 한인들을 섬기도록 나를 인도하시겠다는 뜻이었다. 몽골에서 몽골의 거민을 섬기면서 또한 여러 나라를 다니며 한인 공동체를 섬기는 게 하나님의 오랜 계획 가운데 인도하심 받은 결과임을 깨달았다.

2005년부터 코스타 사역으로 부르심을 입은 것도 일련의 인도하심과 무관하지 않음을 알았다. 내 소망이 이 땅의 것이 아니라 하나님나라의 성취에 있어야 함이 더욱 선명해졌다. 하나님께서는 내게 유학이라는 광야 길을 거쳐 계속 몽골에서 나그네의 삶을 살면서 하나님나라를 소망하는 삶을 살도록 하셨다.

CHAPTER 2

텅 빈 물질 창고를
내려놓다

통장 잔고가 비어도 감사

유학 시절, 물질과 관련된 주된 훈련은 하나님의 채워주심을 철저히 신뢰하는 거였다. 아내가 박사과정에 합격하자 해결해야 할 문제가 많았다. 먼저 등록금 마련이 시급했다. 그리고 두 살 된 동연이를 돌봐줄 사람을 찾아야 했다. 아이를 보스턴 사립 유아원에 맡기려면 매달 2천 불이 필요했다.

아내가 새벽에 기도하러 갔다 돌아와서 말했다.

"양가 부모님이 경제적 능력이 없는 게 감사하다는 생각이 들었어요."

부모님이 모두 은퇴해서 유학 초기부터 우리를 도울 여건이 되지 않았다. 그래서 우리는 하나님께만 전적으로 의존했다. 하나님 이외에는 다른 어떤 곳에서도 물질이 채워질 수 없었기에 늘 기도하며 그분의 뜻을 구했다.

만약 부모님이 재정적으로 풍요했거나 내 통장에 모아둔 돈이 많았다면 전적으로 매달리지 않았을 것이고, 그분께 직접 공급 받는 체험을 하지 못했을 것이다. 그리고 그토록 열심히 하나님의 뜻을 구하고 분별하려고 노력하지도 않았을 것이다. 돈이 많아지면 자연스레 돈을 의지하고, 돈이 우리의 신앙이자 안식처이며 성벽이 되기 쉽다. 그래서 예수님이 부자가 하나님나라에 들어가는 게 낙타가 바늘귀를 통과하는 것보다 어렵다고 하신 게 아닐까?

아내는 등록금의 삼분의 일은 면제 혜택을 받았지만 이 액수로는 턱없이 부족했다. 나머지를 우리 가정의 재정으로는 감당하기 어려웠다. 나는 하나님께 간절히 기도했다.

'하나님, 아내가 장학금 담당 교수에게 부탁하여 좀 더 많은 액수의 장학금을 받으면, 박사과정을 하는 게 하나님의 뜻에 합한 것임을 다시 한번 확증해주시는 걸로 알겠습니다.'

하지만 장학금 담당 교수는 아내의 요청에 난감해했다. 확보된 장학금 예산이 이미 다 지출되었다고 하면서도 딱 잘라 거절하지는 않고 1주일 후에 다시 오라고 말했다.

그런데 이틀이 지나서 연락이 왔다. 장학금으로 등록금의 반을 면제하고 나머지도 3년간 분할납부 하도록 조처해주겠다고. 아내가 내게 물었다.

"하나님의 일을 위해 시작한 공부인데, 왜 하나님께서 등록금 전액을 면제해주지 않으실까요?"

나는 기도 가운데 응답 받은 걸 전했다.

"여보, 우리도 내는 게 있어야 해요. 하나님께서는 그것이 공동투자라고 하십니다."

하지만 말이 공동투자이지 결국 하나님께서 우리가 내야 할 돈도 모두 공급해주셨다. 내가 유학 온 한 학생을 우연히 소개 받아 과외지도를 하게 되었고, 그 돈을 저축하여 등록금을 내는 데 사용했다.

우리는 우리에게 익숙한 한 가지 방법으로 재정이 채워지기를 바라지만 하나님께서는 방법에 제약을 받지 않으신다. 단지 우리가 하나님의 뜻에 민감하지 않아서 우리에게 물질이 제공되었을 때, 그것이 그분이 공급해주신 건지 분별하지 못할 뿐이다. 하나님은 창의적이시기 때문에 우리가 생각지 못한 다양한 방법으로 물질을 채워주시며 우리의 믿음을 키워가신다.

아이를 친히 돌봐주신 하나님

아이를 돌볼 사람을 구하는 문제도 만만치 않았다. 동연이를 처음 가질 때, 아내와 내게는 용기가 필요했다. 우리의 시간과 돈, 에너지를 쪼개어 아이를 키우는 게 과연 가능할지 계산이 나오지 않았다. 그때 하나님께서 아이를 키우는 건 당신이시지 우리가 아니라는 말씀을 주셨다.

우리가 아이를 돌봐줄 사람을 위해 기도했을 때, 하나님께서는 영국 출신의 크리스 해리슨 목사님을 통해 응답을 주셨다. 가장 믿을 만한 사람으로 구해주시겠다고 하셨다. 그리고 당신이 친히 동연이를 돌보겠다는 말씀으로 우리를 확신시켜주셨다.

그리고 실제로 그렇게 되었다. 하나님의 도우심으로 장인어른과 장모님이 동연이를 돌봐주러 미국에 오게 되어 한 학기를 무사히 마칠 수 있었다. 아내가 방학을 맞아 두 분이 다시 한국에 돌아가고 두 번째 학기를 몇 주 앞둔 송구영신 예배를 드리며 우리는 또 아무 대책이 없이 하나님만 바라보며 기도했다. 그런데 며칠 뒤 한국에 있던 사촌 동생에게서 이메일이 한 통 왔다.

직장을 잠시 내려놓고 미국에 와서 6개월간 어학연수를 하고 싶은데 싸게 지낼 수 있는 방법을 찾고 싶다고 했다. 동생은 체류 비용에 여유가 없어 아내는 한국에 남겨놓고 오겠다고 했다. 내가 제수씨도 미국에 함께 와서 우리 집에서 지내면서 미국 생활도 경험하고 동연이도 돌봐주면 어떻겠냐고 제안했다. 사촌 동생 부부가 기뻐하며 흔쾌히 응했다.

나는 하나님께서 준비하신 방법임을 직감했다. 사촌 동생 부부는 아내의 학기가 시작된 지 사흘이 지날 무렵 미국에 들어와서 동연이를 한 학기 동안 돌봐주었다. 그다음 학기는 어머니가 와서 아이를 봐줄 수 있는 여건이 허락되었고, 어머니가 한국에 가야 했을 때는 극적으로 케임브리지 시에서 운영하는 공립 유아원에 아이를 보낼 수 있었다.

당시 우리의 경제 상황은 비싼 사립 유아원에 아이를 보낼 여건이 되지 못했다. 공립에 보내려면 빈자리가 나와야 했다. 그래서 우리 부부는 아이가 집에서 가장 가까운 유아원에 갈 수 있게 해달라고 기도했다. 그리고 마침 그 기도가 끝남과 동시에 바로 집 앞 유아원에 자리가 났다는 연락이 왔다. 이 모든 게 한 치의 오차도 없이 하나님의 계획 가운데 예비되고 실현되었다.

우리는 미국 유학을 마치고 몽골로 들어가기 전, 미국에서도 물가가 매우 비싼 지역에서 둘이 박사과정을 하면서 아이 둘을 키우는 데 사용한 비용을 계산해보았다. 장학금을 포함

해서 대략 35만에서 40만 불이었다. 이 액수의 금액이 사용된
건 분명한데, 어떻게 모두 채워졌는지는 하나님의 은혜가 아니
면 도무지 설명할 길이 없었다.

하나님께서 채워주시는 방식

하나님은 그분이 공급하시는 방식에 제약을 받지 않으시고
다양하고 창조적인 방법으로 우리의 필요를 채우셨다. 때로는
큰돈이 나가지 않도록 막아주셨다.

하루는 내가 3년째 쓰던 노트북 컴퓨터가 너무 무겁게 느껴
졌다. 학교 도서관에 들고 다니면서 작업하기에는 평소 약한
내 무릎에 무리가 올 정도였다. 그래서 하나님께 하소연했다.

'하나님, 노트북이 너무 무거워요. 좀 가벼운 게 있으면 논
문 작업하기가 훨씬 편할 것 같아요.'

그런데 1주일 후에 갑자기 노트북 컴퓨터가 켜지지 않았다.
서비스센터에 맡겼더니 고치는 데 필요한 부품이 기종 변환으
로 생산되지 않는다는 연락이 왔다. 그러면서 마침 내가 노트
북을 살 때 3년짜리 품질보증 보험을 들었는데 그 만료 시한
이 1주일가량 남았으니 신형 노트북으로 기종을 바꾸어 보상
해주겠다고 했다. 그렇게 나는 기도한 후 열흘 만에 새 컴퓨터
를 손에 넣었다.

나는 유학 기간 중 두 개의 장학금을 받았고, 몇 명의 과외 지도를 맡았으며, 2년간 대학에서 강의를 맡았다. 돌아보면 이런 공급이 아주 절묘한 타이밍에 이루어졌다. 8년 동안 통장 잔고가 100불 이하로 떨어지지 않았다. 또 필요한 큰돈은 적절한 시기에 바로 준비되었고, 단 한 번도 필요한 돈이 채워지지 않은 적이 없었다.

한번은 다음 달 아파트 월세를 낼 돈이 없어 난감했었다. 그런데 교회 목사님이 교회에 물질이 필요한 사람을 위한 익명의 헌금이 들어왔다며 전달해주셔서 월세를 낼 수 있었다. 우리가 하나님의 뜻 가운데 거하면 경제적인 문제에서도 자유함을 누리게 됨을 유학하는 동안 구체적으로 체험했다.

한동안 우리는 과외하던 학생의 부모나 학교가 물질의 공급처라고 착각했다. 그때는 수입에 따라 우리의 희비가 결정되었다. 필요를 채우는 공급자를 사람으로 생각할 때는 그에게 실망하기도 하고 우리가 또 다른 사람을 실망시키기도 했다. 이는 우리가 임시 공급처에 전적으로 기댈 때 나타나는 현상이었다.

그 무렵, 통장 잔고가 항상 일정액으로 유지되고 있음이 떠올랐다. 돈이 필요한 시점에는 수업을 더 맡게 되거나 잠시 아르바이트를 할 시간적 여유가 생기거나 새로운 일을 제안 받았다. 늘 채움 받는 것을 일상으로 경험했다. 이 모든 게 하나님께서 그분의 계획하에 관리해주시지 않고서는 일어날 수 없는 일이었다. 매달 우리는 하나님이 우리 가정의 재정을 세밀하게 책임져주심을 고백하지 않을 수 없었다.

이런 과정을 통해 내 공급처는 내 고용주가 아니라 하나님이심을 확인했다. 더 나아가 우리가 하나님을 바라볼 때만 재정의 자유함을 누릴 수 있음도 깨달았다. 하나님께서 우리의 필요를 채우는 공급의 근원이시며, 공급의 통로로 사용되는 사람도 그분이 주관하신다는 걸 깨닫자 사람에 대한 서운함이나 의존에서도 자유할 수 있었다.

누구에게나 일어나는 기적

조지 뮬러는 5만 번의 기도 응답을 받은 걸로 알려져 있다. 특히 물질의 어려움에 직면했을 때 하나님께서 섬세하게 그의 필요를 채우셨다. 우리는 이런 현상이 하나님이 선택한 특별한 사람에게만 일어난다고 간주하는 경향이 있다. 하지만 나는 유학 생활을 통해 이 일을 실제로 체험했다. 조지 뮬러가 경험한 기도 응답은 하나님의 뜻을 구하는 누구에게나 일어나는 공통된 현상임을 깨달았다.

유학 시절, 나는 차와 집과 관련하여 하나님의 역사하심을 많이 보았다. 그래서 교회 후배들에게도 차와 집을 두고 기도를 많이 하라고 늘 당부했다. 실제로 우리가 두 공간에서 많은 시간을 보내기에 이를 위해 기도하는 게 영적으로도 유익하다고 생각한다.

더욱이 두 공간은 전도를 위해 상당히 효과적으로 활용할 수 있다. 처음 유학 온 학생들을 집에 초대하여 식사를 대접하고 그들의 어려운 사정을 들어주면서 하나님과 교회를 소개함으로 많은 사람을 교회로 인도했다. 또 차를 함께 타고 교회를 오가며 신앙이 약한 사람을 든든히 세워줄 수도 있었다. 그들이 내 차를 타고 가는 동안 어쨌든 내 말에 귀를 기울일 수밖에 없기에 적어도 20여 분간 긴밀한 대화를 나눌 수 있다. 이는 주일에 교회에서 누군가와 통상 대화하는 시간보다 짧지 않다.

에티오피아 친구인 마자와 2년 가까이 집을 나누어 쓸 때의 일이다. 아내가 첫아이를 임신하자 우리만의 공간을 가질 때라는 생각이 들었다. 당시 내가 다니던 교회는 유학생 중심이어서 손님이 오더라도 마땅히 재워주기를 자원하는 집이 많지 않았다. 그래서 나는 가능하면 침실이 두 개 있는 집을 얻어 오가는 사람들이 묵어갈 수 있으면 좋겠다고 생각하며 기도

했다. 하지만 월세 부담이 크기에 가능하면 싼 집을 구하려고
애썼다.

가난한 사람들이 갖는 영적인 문제 중 하나가 바로 '돈 쓰
는 것에 대한 두려움'이다. 내게는 물가가 비싼 보스턴 지역의
아파트 월세가 공포의 대상이었다.

마침 교회의 한 집사님이 새로운 집을 매매하게 되었다고 했
다. 그러면서 내게 자기가 살던 아파트에 들어올 수 있도록 이
름을 올려놓으라고 했다. 나는 그곳의 월세가 시세보다 200불
정도 싸서 꼭 잡고 싶었다. 그래서 그 집에 살지도 않으면서 룸
메이트로 이름을 올려놓았다.

그 후 나는 마자에게 그달 말에 집에서 나가겠다고 말했고
다른 친구가 우리가 살던 방에 들어오게 되었다. 그런데 이사
가기로 한 집사님이 새집의 계약 문제로 집을 비워주는 날짜를
계속 미뤘다.

할 수 없이 우리는 주인이 여름방학 동안 잠시 비워둔 집으
로 거처를 임시로 옮겼다. 그해 여름, 나는 만삭인 아내와 여
섯 번이나 이사하며 그 아파트가 비기만을 기다렸다. 그러면
서 나그네의 삶을 묵상하게 되었고, 짐이 많을수록 짐이 된다
는 사실을 깨달았다.

복음의 띠로 묶인 아파트

하나님께서 교회 집사님의 아파트가 우리 집이 아니라는 사인을 몇 차례 주셨지만, 나는 월세가 싸다는 이유로 집착했다. 결국 9월 개학 이전에 그곳에 들어갈 수 없음을 통보받고 매우 난감했다.

그래서 임시 거처에서 함께 머물던 교회의 친한 선배와 새벽 기도를 하러 나갔다. 그는 우리가 미국에 오자마자 살았던 '피바디 테라스'(하버드대 기혼자 아파트)에 집을 얻어놓고 기다리는 상태였다. 나는 기도하면서 하나님께 하소연했다.

'하나님, 이토록 많은 보스턴의 집들 중에 저희가 거처할 집이 이리도 없단 말입니까?'

하나님이 물으셨다.

'왜 집이 없다고 하니? 너는 왜 하필 그 아파트만을 고집하니?'

'방이 두 개라야 오가는 사람을 재워주기도 하지요.'

하나님이 내게 다시 물으셨다.

'그런데 왜 그 집이니?'

나는 불만을 터트리듯이 대답했다.

'그 집이 싸잖아요! 월세 부담을 줄일 수 있잖아요.'

'너는 말로는 지금까지 지낸 게 나의 은혜 때문이라고 하면

서 미래의 재정에 대한 염려는 내려놓지 못하고 있구나.'

하나님의 말씀이 내 마음 깊은 곳에서 울렸다. 집을 결정하면서 충분히 기도하지 않고 믿음으로 구하지 않았다는 자책이 일었다. 그래서 내가 대답했다.

'사실은 학교 아파트인 피바디 테라스에 다시 들어가고 싶어요. 오늘 제가 그 아파트 중 침실 두 개짜리를 구할 수 있다면 하나님께서 주시는 집으로 알겠습니다.'

피바디 테라스는 여건이 좋기는 했지만 내가 들어가려는 아파트보다 월세가 450불가량 더 비싼 1,300불 정도였다. 게다가 입주 경쟁도 치열했고, 이미 신청 기간이 끝난 상태였다.

그런데 학교 아파트를 구할 수 있는 유일한 방법이 있었다. 갑자기 떠나야 하는 사람이 계약을 중간에 취소하면 학교 아파트 관리 사무소에 공고가 난다. 사무소는 아침 9시 반경 문을 여는데, 이런 아파트를 얻기 위해서는 새벽부터 줄을 서서 기다려야 했다. 매물이 나오지 않는 날은 허탕 치기 일쑤였다. 그런데도 나는 '그날 당장' 아파트를 구할 수 있으면 하나님의 인도하심이라고 믿겠다고 기도했다.

그날 기도회가 오전 7시경 끝나서 나와 선배는 바로 사무소로 향했다. 도착해보니 그날따라 비가 오고 추워서인지 사람이 많지 않았다. 신기하게도 내가 줄을 서자마자 뒤이어 사람들이 줄을 섰다. 단 몇 분 간격으로 내가 일착이었다. 그날 침실 두 개짜리 피바디 테라스 아파트가 나왔다. 나는 값을 보지도 않고 바로 계약했다.

다음날 기도 중에 하나님께서 그 아파트 단지를 리본으로 묶으시는 환상을 보았다. 그곳을 복음의 띠로 묶으셨다. 나는 아파트에 들어가고 나서야 그곳이 황금 어장임을 알았다. 이후 하나님께서는 많은 한국 유학생이 그분께 돌아오게 하시려고 우리 가정을 그곳에 세우기 원하셨음을 알았다.

집을 고를 때의 내 관심은 싼 월세였지만, 하나님의 관심은 다른 데 있었다. 그분은 우리가 바랐던 것보다 더 좋은 집을 예비하시고 우리가 그곳을 믿음으로 찾기를 원하셨다. 나는 사역을 위한 집을 얻는 데 개념이 없었지만, 하나님은 우리 가정이 머무는 공간이 하나님나라를 위해 사용되기를 원하셨다.

또한 이 아파트에 입주한 뒤 한 번도 돈이 모자라 월세를 못 내는 경우가 없었다. 신실하신 하나님이 약속대로 공급하셨기 때문이다. 내가 하나님과 동일한 데에 관심을 두면 내게 필요한 모든 걸 채우심을 알았다.

한 가지 더 깨달은 건 기도할 때는 신중해야 한다는 것이다. 나는 집을 얻을 때 오가는 사람들을 재워주겠다고 기도했다. 그 결과, 그 집에 4년간 살면서 우리 부부만 오붓하게 지낸 건 석 달이 채 안 되었다. 대부분 누군가가 방 하나를 사용했다. 그 일로 때로 지치기도 하고 자신의 약한 모습도 보게 되었지만, 넉넉한 마음으로 더불어 사는 훈련을 받을 수 있어 감사했다. 또한 우리 집에서 묵은 많은 사람이 하나님을 만나거나 신앙생활에 잘 적응할 수 있어서 더욱 감사했다.

정직이 가져다준 혜택

하나님께서는 집뿐 아니라 자동차를 통해서도 내게 많은 말씀을 주셨다. 내가 하나님을 생활의 중심에 모시지 않을 때는 비싼 차를 보면 눈이 한 번씩 더 가곤 했다. 좋은 차를 가진 사람이 부러웠다.

'도대체 어떤 사람이 저 차를 몰까? 얼마나 돈이 많으면 저런 차를 탈 수 있을까?'

나는 유학 첫해에는 차가 필요하지 않다고 생각하며 살았다. 그러나 브라질 할머니의 집으로 거처를 옮겨가면서 통학하는 데 차가 필요했다. 제한된 자금으로 어떤 차를 살지 기도할 때, 구입한 지 10개월밖에 안 된 후배의 폭스바겐 골프가 눈앞에 아른거렸다. 마침 그 후배가 차를 급히 팔아야 할 일이 생겼다고 했다. 그러면서 한 번 엔진에 물이 들어가 수리했던 차라고 하며 시세보다 많이 깎아주어 간신히 구입했다.

그런데 문제는 보험료였다. 알아보니 아내가 한국에서 운전한 경력이 없고 미국 면허를 받은 지 얼마 안 되어 보험료가 무척 비쌌다. 우리는 그 비용을 지불할 능력이 없었다. 그렇다고 한국에서 운전한 경력이 있다고 거짓말을 할 수는 없는 노릇이었다. 이 부분을 놓고 주변에 기도를 부탁했다.

마침 친하게 지내던 한 지인이 잘 아는 보험회사의 에이전트를 소개해주었다. 나는 그에게 솔직히 보험료를 낼 돈이 없다고 말했다. 그는 걱정하지 말라며 여기저기 전화를 해보더니 모든 할인 혜택을 적용시켜 가장 싼 요율로 보험료를 책정해주었다. 우리가 정직하게 행하자 하나님께서 더 좋은 혜택을 받도록 인도해주셨다.

폭스바겐 골프를 4년간 잘 타고 다녔다. 그런데 차가 작아서 동연이가 태어나자 차에 태울 수 있는 인원이 적어져 좀 아쉬웠다. 차량 없이 교회를 오가는 사람들이 주변에 많았기 때문이다.

나는 차를 싸게 팔고 큰 차를 알아보자고 아내를 떠보았다. 아내는 첫 차에 정이 많이 들었는지 펄쩍 뛰면서 만약 차를 팔려고 하면 차를 데리고 도망가겠다고 우스갯소리를 했다.

그해 여름, 우리는 한국에 잠시 다녀올 일이 생겨서 한 지인에게 잠시 차를 빌려주었다. 그런데 그가 차를 길가에 주차한 사이에 갑자기 다른 차가 달려와 주차 중인 서너 대의 차를 연속으로 들이받았고, 우리 차는 맨 처음으로 받혀서 완전히 박살이 나는 사고가 났다. 사람이 1명도 안 다친 건 감사했지만 그 이야기를 전화로 듣는 순간, 정들었던 차를 다시는 보지 못한다는 생각에 마음이 아팠다.

그런데 놀랍게도 보험금이 차를 산 가격보다 더 많이 나왔다. 우리는 보험금에 돈을 조금 보태어 7인승 밴을 샀고, 소원했던 대로 교인들을 실컷 태웠다.

사실 폭스바겐 골프는 처음에 싸게 사기도 했고, 팔아도 얼마 받지 않을 생각이었고, 정도 들어 남에게 넘기기가 아쉬웠다. 그런데 하나님께서 이런 어려움을 보시고 단번에 문제를 해결해주셨다. 하나님의 이 깜짝 선물 덕분에 35명 정도의 이웃을 교회에 정착시킬 수 있었다.

새로 생긴 중고 크라이슬러 밴을 유지하는 일도 그리 평탄치는 않았다. 차 사고로 변속기가 고장 나서 수리센터에 갔더니 이미 엔진에서 기름도 흘러나오고 있다며 수리비로 최소 3,4천 불이 들 거라고 했다. 더구나 고장 난 시점이 보증 기간이 1개월 지난 때였다.

내가 한숨을 쉬자 아내가 위로했다.

"여보, 그래도 동연이가 다친 것보다 낫지 않아요?"

나는 갑갑한 마음에 말했다.

"여보, 애가 아프면 보험이 있어 비용은 안 나갈 텐데 차 고장에는 보험이 없네."

나는 다음날 그 차를 판매한 중고차 매매상을 찾아가 정중히 따졌다.

"아이가 있는 집에 이렇게 위험한 차를 팔면 어떡합니까? 안전하다고 해서 믿고 샀는데 가난한 유학생에게 너무 힘든 일이 생겼습니다."

그는 미안하다며 며칠 뒤 연락을 줄 테니 편히 가라고만 했다. 그날 목사님이 그 일로 친히 심방을 오셔서 차 문제를 두고 기도해주셨다.

그리고 며칠 후 연락이 왔다. 차는 다 고쳤고, 수리비는 받지 않기로 결정했다고…. 보통 미국에서 중고차 매매상은 가장 신뢰할 수 없는 집단이라는 인식이 팽배하다. 그래서 내가 만나는 사람들에게 이 이야기를 하면 믿을 수 없다며 고개를 갸웃거렸다. 나는 하나님께서 차로 내 믿음을 다시 한번 시험하신 걸 알 수 있었다. 내가 처음에 가졌던 불안과 절망은 내가 아직 하나님이 원하시는 분량으로 자라지 못했음을 여실히 보여주었다. 하나님은 그분의 신실하심을 보여주시려 차를 잠시 사용하셨다. 그리고 이 과정을 통해 나는 차의 주인이 하나님이심을 고백했다.

그 뒤로도 여러 번 차 사고가 있었다. 그런데 꼭 돈이 떨어져 다음 달 월세를 내기 어려운 시점에 발생하곤 했다. 처음에는 당혹해하며 상심했다. 하지만 공통으로 벌어졌던 재미있는 현상은 차 사고 때문에 다음 달 월세가 해결되었다. 차를 수리해주던 장로님이 수고비를 충분히 받지 않고 깎아주어 보험금 액수에 비해 수리비가 적게 나와 예상 외 수입이 생긴 것이다.

하나님께서 사고를 통해서도 우리 가족을 친히 돌보고 계심을 가르쳐주셨다. 또한 내 믿음을 단련시키시고 그분을 더 깊이 배워가게 하셨다.

사역비 걱정은 하나님께 돌리고

케임브리지 연합장로교회에서 함께 신앙생활을 하던 한 자매가 방학 동안 인턴십을 겸해서 연변에 사역하러 간다고 했다. 그녀는 주일에 우리와 함께 식사하며 비행기표와 생활비가 걱정이라고 했다. 사역을 위해 가는 부분도 있는데 부모님에게 모두 의지하는 게 죄송하다고 했다.

걱정하는 목소리를 들으면서 마음에 성령의 안타까움이 전해졌다. 하나님이 얼마나 서운하실까 싶었다. 사역을 나가면서 돈 걱정을 하다니…. 하나님은 우리에게 얼마나 많은 오해를 받고 계시는가. 돈 문제도 해결 못 하시는 능력 없는 분 또는 돈 문제에는 관심 없는 분으로 비춰지시다니….

자매에게 나는 자신 있게 말했다.

"사역을 나가면서 돈 걱정을 하면 어떻게 해요? 돈 걱정을 하나님께 내려놓으세요. 자매는 그저 어떻게 하나님의 뜻 가운데 사역할 것인지만 고민하면 돼요."

이 말을 하는데 목이 메고 가슴이 찼다. 사역자에게 물질에 대한 걱정은 하나님이 하실 부분이지 사역자 자신이 걱정할 부분이 아니라는 확신이 들었다.

1주일 후에 자매가 내게 말했다. 학교에서 인턴십 장학금을 받아 체재비와 항공료를 해결할 수 있게 되었다고. 나는 기쁨과 확신 가운데 말했다.

"그것 보세요. 이미 하나님이 예비하신 부분을 걱정하는 건 손해예요."

우리가 물질을 걱정하는 만큼 마이너스의 삶을 살게 된다.

유학 초기의 일이다. 돈을 아끼기 위해 아내와 나는 미디엄

(중형 컵) 커피를 한 잔만 사서 나누어 마시곤 했다. 한번은 아내가 혼자서 미디엄 커피를 마시고 싶은 생각이 들었다고 한다. 그래서 큰마음을 먹고 커피를 사서 혼자 마셔보려고 했는데 결국 다 마시지 못하고 남은 커피를 버리면서 바라던 것도 막상 해보면 부질없음을 느꼈다고 한다.

우리가 바라던 많은 것이 막상 이루어지고 나면 더 이상 우리를 기쁘게 하지 못하는 경우가 많다. 물질을 더 갖고 싶은 욕구도 하나님의 다루심을 받는 게 중요하다.

유학 첫해 겨울, 아내와 나는 큰마음을 먹고 동네 피자 가게에서 피자 한 판을 사서 집으로 향했다. 둘이서 따끈한 피자 상자를 들고 눈 위를 종종걸음으로 가는데, 아내가 너무나 행복해 보였다. 그 모습을 보니 내 마음도 따뜻해졌다. 우리는 두고두고 그때의 행복했던 마음을 되새기곤 한다.

비록 미국에서 가장 싼 음식인 피자 한 판이었지만 마음이 부요하고 기뻤다. 이후 하나님께서 그때보다 더 많은 물질을 허락하셔서 좋은 음식을 먹어도 그때와 비슷한 감동과 기쁨은 쉽사리 오지 않았다. 행복은 반드시 소유와 소비를 통해 오는 건 아니다.

두 렙돈의 감동

몽골행을 준비하면서 우리는 재정 문제를 하나님께 맡기고 필요한 부분이 채워지기를 기다리기로 했다. 곧 케임브리지 연합장로교회를 통해 매달 500불 후원을 약속 받았다. 개척 교회 헌금으로는 무척 큰 액수였지만, 4인 가족의 생활비와 사역비로 충당하기에는 부족했다. 그러나 우리는 하나님께서 재정을 채워 몽골로 보내실 걸 믿었기에 하나님보다 앞서지 않으려고 했다.

특히 아주 소중한 헌금을 받으면서 하나님께서 우리가 몽골 사역에 필요한 재정을 책임져주실 걸 더 확실히 믿었다. 한 성도가 내 간증을 듣고, 하나님이 주신 마음이라면서 아내에게 편지와 함께 동전과 지폐가 들어 있는 손지갑을 주었다.

"어디서부터 말해야 할까요? 이 돈은 제가 현재 가진 전부입니다. 마침 버스표는 있으니 감사한 일이지요. 내일 부산 갈 때까지 금식하면 될 테고요. 밥 먹을 때마다 몽골 선교 기도를 구체적으로 하게 되어 감사해요. 작은 것이지만 오병이어가 되는 한 알의 씨앗이라고 생각해주시면 감사하겠습니다. 예수님의 이름으로 사랑하고 축복합니다."

선교사보다 더 믿음이 좋은 성도로부터 '두 렙돈'의 감동과 기도를 받을 수 있어서 정말 행복했다. 사실 선교를 위한 중보기도 요청 카드를 만들면서 관례대로 후원 계좌를 넣을지 잠시 생각했다. 나는 넣고 싶지 않았다. 하지만 기도 카드를 보고 기도하는 사람들이 물질로 동참하고 싶을 때, 그것을 막는 일이 되거나 혹 내 의를 주장하는 것으로 비춰질 수 있다는 생각이 들었다.

결국 하나님께서는 기드온에게 '300 용사'로 족하다는 깨달음을 주셨다. 하나님만을 의지하고 후원 계좌를 의지하지 않는 게 나와 기도 후원자들에게 하나님이 함께 주시는 훈련이라는 생각이 들었다. 각자의 훈련 과정에 적합한 방법이 있는데 내게는 이것을 바라시는 것 같았다.

그런데 정말로 하나님께서 우리가 기대하지 않았던 곳을 통해 채우셨다. 한국의 모 교회에서 매달 100불 정도의 동연이 학비를 후원해주기로 했다. 또 내가 상상하지도 못한 많은 사람의 손길과 헌금을 통해 비행기표와 비자 수속비의 일부가 채워졌다. 심지어 한 권사님은 옆집 사는 분의 헌금이라며 내가 알지도, 만난 적도 없는 분의 헌금을 전달해주기도 했다.

소유권을 내려놓는 훈련

유학 기간에 받은 물질 훈련이 주로 하나님의 채워주심을 신뢰하는 거였다면, 몽골에서는 다른 차원의 훈련을 받았다.

주로 나눔의 방식에 있어 하나님의 인도하심을 의뢰하며 내가 소유하는 물질에 대한 권리를 내려놓는 훈련이었다.

이 훈련은 몽골에 도착한 직후부터 시작되었다. 몽골국제대학교에서 첫 강의를 한 날, 나는 강의실에서 신형 노트북 컴퓨터를 잃었다. 이 사건을 통해 하나님께서 물질을 내려놓는 걸 말씀하셨다.

처음에는 학생들이 가져간 줄 알고 낙담했다. '내가 왜 이곳에 왔는가' 하는 회의가 생기면서 실망감이 들며 의욕이 사라졌다. 그러다가 이것이 영적 싸움임을 깨달았다. 몽골에 처음 온 사람들이 초기 정착 과정 중 이런 일을 겪으면 무기력해지면서 몽골 땅과 사람들에게 환멸을 느낀다는 말이 생각났다. 사단이 이런 일들을 이용하고 있다는 걸 깨닫고 경각심을 갖게 되었다.

그리고 내가 주일에 교회에서 '하나님 한 분만으로 만족하겠습니다'라는 기도를 드리며 눈물을 흘렸던 게 생각났다. 많은 걸 내려놓았다고 생각했는데 여전히 내 것을 주장하는 내 모습. 내 것이라고 생각한 걸 내려놓는 게 어쩌나 어려운지….

최신형 노트북 컴퓨터는 내 재산 목록 1호였다. 그 안에는 미처 다른 곳에 복사해놓지 못한 귀중한 파일도 많았다. 하나님께서 내게 '그것조차 나를 위해 버릴 수 있니?'라고 물으시는 것 같았다. 나는 컴퓨터도 내려놓겠다고 말씀드렸다. 그것을 찾고 못 찾고를 떠나 하나님을 신뢰하고 기뻐하겠다고 고백했다. 또한 몽골과 몽골 사람을 하나님의 눈으로 바라보며 받아들이겠다고 기도했다. 그러자 세상이 줄 수 없는 평안이 나를 휘감았다.

다음날 학교에 가서 여전히 웃고 다녔더니 학생들이 컴퓨터를 찾았냐고 물었다. 나는 찾지 못했지만 기쁘다고 말했다. 그러고 보니 이번 학기에 교수진 중 유일하게 전교생을 모두 가르치게 되어 내 얼굴이 학교의 얼굴이라는 생각이 들었다. 내 기도제목 중 하나가 이곳에서 기쁨이 넘쳐나는 생활을 하는 거였는데, 이는 환경을 초월해야 가능함을 다시 확인했다.

여름학기 강의를 도우러 온 전문인 선교 단체 TMI의 단기팀 중 한 자매가 고급 사양의 디지털 캠코더를 교실에서 잃었다. 나는 허탈해하는 그녀에게 내 노트북 이야기를 해주었다.

내 이야기가 위로가 되었는지 기도 시간에 자매가 많이 우는 게 보였다. '하나님 한 분만으로 만족할 수 있느냐'는 물음이 도전이 된 것 같았다. 하나님께서 우리에게 어려움을 주시는 이유 중 하나는, 그 경험으로 다른 사람을 위로하기 위해서가 아닐까.

2005년 여름, 경남의 직장인 성경공부 모임인 BBB팀이 몽골에 와서 지방 사역을 하고 난 후에 강한 영적 도전을 받았다. 워낙 훈련이 잘된 팀이라 좋은 사역을 이룰 수 있었다.

그런데 그들이 우리 교회를 방문해서 전도 집회를 하기 전에 한 리더가 새로 산 디지털 카메라를 식당에서 잃었다. 팀원들이 어두운 표정으로 어수선한 상태로 교회로 들어왔다. 그 팀은 지방 사역을 하면서 기차를 기다리는 시간에도 전도를 하는 등 기쁨으로 사역을 감당했다. 그 모습이 참 아름나웠는데 카메라 분실로 그들의 영적 분위기가 달라진 게 느껴졌다.

나는 또 잃어버린 노트북 이야기를 하면서 하나님이 달라고 하시면 새 노트북도 아낌없이 드릴 것을 고백했다고 말했다. 그리고 빼앗기지 않으려는 마음보다는 적극적으로 주는 마음을 갖자고 했다. 나는 한 사람의 아픈 경험이 다른 아픈 사람을 위로한다는 진리를 다시 깨달았다.

또한 그들이 한 끼 금식하면 석 달 동안 지방 사역을 할 수 있는 재정 혹은 몽골대 학생의 한 학기 등록금이 나온다고 말했다. 그리고 그 팀이 가져온 앰프(확성기) 연결이 가능한 기타는 몽골 청년 뭉크가 교회 찬양팀을 위해 오래 기도하던 거라고 했다. 내가 다른 선교팀에게는 말하지 않았던 내용을 적극적으로 말하도록 하시는 성령님의 인도하심이 있었다.

그 후 내가 지방 여행을 간 동안에 그 팀은 기타를 포함해서 많은 물품을 이레교회를 위해 헌물하고 한국으로 돌아갔다. 우리는 나누는 삶을 통해 하나님의 복의 통로가 됨을 느낄 수 있다. 그 주일예배 시간에 나는 이레교회로 흘러들어온 물품을 다른 이웃과 나누는 일에 열심을 내자고 설교했다.

결국 몽골에서의 사역을 방해하려는 사단의 계략은 우리가 그의 생각과 반대 방향, 즉 적극적으로 나누는 자세로 나아갈 때 분쇄됨을 확인했다. 우리가 내 것을 간직하려는 마음을 버리고 적극적으로 나누면 하나님을 더 풍성하게 누리고 체험할 수 있다.

그 무렵 예수전도단이 우리 교회에서 화요 찬양 예배를 드려도 괜찮냐고 물어왔다. 선뜻 좋다고 했더니 오히려 그쪽이 당황했다. 사례를 어떻게 하면 되냐고 물어서 편하게 기도 가운데 결정하되 주지 않아도 좋다고 말했다. 우리에게 여유 있는 건 다른 사람에게 흘려보내야 하는데, 그중 하나가 화요일에 비어 있는 예배당이라는 생각이 들었다.

다른 사람으로부터 무언가를 받았다면 당연히 우리도 나누어야 한다고 믿는다. 그리고 그 나눔이 우리가 더 크게 받을 수 있는 열쇠가 됨을 확신한다.

그럴 땐 기도하는 거야

몽골에서 사역하면서 도둑질과 부정직의 영이 이 민족을 붙잡고 있는 걸 본다. 교회마다 선교사들이 현지인에게 속은 이야기가 넘쳐난다. 심지어 사람들이 학교 담을 밤새 뜯어가기도 한다.

몰락한 유목민이 도시로 들어와 살기 위해 저지르는 생계형 도둑질이 있는가 하면, 정부 고위 관리부터 서민에 이르기까지 남의 걸 가로채는 일을 너무나 쉽게 생각한다. 현지인 목회자를 세워도 대부분 돈 문제에서 정직하지 못해 넘어지는 게 다반사이다. 성령의 능력이 나타나는 사역자도 예외가 아니다.

이곳에서 사역하면서 물질에 정직한 리더를 만들지 못하면 사역은 실패한다는 걸 깊이 인식하게 된다. 예수님은 사람이 두 주인을 섬길 수 없다고 분명히 말씀하신다. 돈의 영과 하나님을 동시에 섬기는 건 불가능하다. 돈을 따르는 한 결코 예수님의 십자가를 붙잡을 수 없다. 돈 자체는 나쁜 게 아니지만 돈을 추구하는 탐심의 영이 우리를 장악하면 결코 하나님을 온전히 섬길 수 없기 때문이다.

많은 사람이 몽골인은 원래 물질에 쉽게 넘어진다고 말하지만, 실은 이 부분을 민족성으로 이해하는 건 옳지 않다. 이는 영적인 부분이다. 칭기즈칸 당시에는 도둑질하는 자를 사형에 처했다. 교황의 사신이었던 카르피니 수도사는 실제로 몽골 제국을 여행하면서 몽골인들이 길에 버려진 말채찍도 자기 게 아니면 주워다 쓰는 일이 없었다고 증언한다. 결국 라마불교의 기복주의와 공산주의 체제 아래 오래도록 영적인 영향을 받은 것과 관계가 있어 보인다.

교회라고 해서 도둑질로부터 안전한 건 아니다. 종종 도난 사건이 발생한다. 그래도 감사한 건 적어도 교회에서는 뉘우치고 돌이킨다는 점이다.

2004년 청년부 겨울 수련회에서 있었던 일이다. 이레교회 청년 25명이 참석했다. 기존 청년들과 교회에 처음 나온 5명 그리고 남서울은혜교회 단기선교팀 10명이 참석했다.

수련회 둘째 날 뭉크가 휴대폰을 분실했다. 가방을 전부 조사했지만 휴대폰은 나오지 않았다. 아마 새로 나온 학생 중 1명이 한 일 같았지만 단정할 수는 없었다. 학교뿐 아니라 교회 수련회에서도 도난 사건이 발생하자 내 마음이 무너졌다. 헝거르 졸이 안타까운 마음에 독방에 들어가 울면서 기도했다. 나도 기도하러 들어갔다가 다시 나와 청년회장인 툭수와 뭉크를 데리고 들어가 같이 기도했다.

그런데 저녁 식사 후에 툭수가 기쁜 얼굴로 말했다. 휴대폰을 누가 바깥에 놓아두었다고. 사람들이 환호성을 질렀다.

하나님의 은혜가 우리 마음을 만지심을 느꼈다. 헝거르 졸이 감사함으로 울고 있었다. 내가 뭉크에게 휴대폰을 건네며 말했다.

"거봐, 그럴 땐 기도하는 거야. 네게 하나님이 말씀하시는 게 있는 것 같구나."

뭉크는 사회적으로 성공하고픈 열망이 강한 학생이다. 그런데 그해 송구영신 예배에서 "보물을 하늘에 쌓아두라"(마 6:20)라는 말씀을 뽑았다. 재물이 있는 곳에 마음이 있다는 구절에 그가 다소 부담을 느끼는 걸 보았다. 휴대폰 사건이 그 구절과 무관하지 않음을 본다.

속을지언정 싸우지 않겠다

교회에 무언가 받을 걸 기대하고 오는 사람이 많은 상황에서 그들에게 주는 법을 가르치는 건 너무 어렵다. 나는 교인이 줄어들 걸 각오하고 계속 주고 나누고 섬기는 도리를 설교하기로 했다. 돈의 영을 이기지 못하면 예수님의 제자는 결코 만들어지지 않기 때문이다. 말씀을 가르치는 것보다 말씀을 행하도록 가르치는 게 핵심이다.

감사하게도 한 자매가 월급 6만 원 중 1만5천 원을 떼어 가난한 아이들을 돕기로 했다. 그리고 적은 액수지만 자기보다 더 가난한 사람을 물질로 섬기고 싶어 하는 사람들이 생겨났다.

가난한 사람들에게 물질과 관련된 시험거리는 양극단의 형태로 나타난다. 물질이 생기는 즉시 써서 없애버리거나 아니면 아까워서 쓰지 못한다. 이 중 몽골 사람들은 바로 써버리는 습성이 있다. 반면 선교사 중에는 궁핍할 정도로 아끼며 쓰지 못하는 경우가 있다. 그들은 선교비와 가난한 성도의 귀한 헌금을 최대한 아껴야 한다고 생각한다. 그래서 현지인들에게 속지 말아야 한다는 생각이 강해서 물질에 정직하지 않은 그들과 갈등을 빚곤 한다.

나는 선교비를 무조건 아껴야 한다는 입장이 아님에도 갈등에 빠졌던 적이 있다. 이는 기존의 형태와 다른 차원의 물질에 대한 시험이었다. 몽골에 온 지 얼마 되지 않았을 때였다. 나는 아내와 두 아이와 양손 가득 장을 본 후에 택시를 탔다. 내리려고 하니 보통 400-500원이면 갈 거리인데 기사가 800원을 내라고 했다. 그래서 봐주는 셈 치고 100원을 더 주었다.

그런데 기름값이 올랐으니 200원을 더 내라기에 무시하고 내렸더니 기사가 문을 열고 나와 우리를 노려보았다. 기가 막혀 나도 같이 노려보았더니 그가 그냥 차를 타고 가버렸다. 아내는 혹시 그가 해코지를 할까 봐 얼굴이 질려 있었다.

처음에는 기사에게 화가 났다. 그가 정직하지 않은 것과 우리가 외국인인 걸 이용해서 속이려 한 것 때문이었다. 시간이 좀 지나자 다른 생각으로 마음이 편치 않았다.

'나는 이 땅을 섬기러 온 선교사이다. 그런데 그들이 나를 정당하게 대하지 않는다는 것 때문에 싸우려고 하다니….'

단돈 200원 때문에 벌어진 일이었다. 더구나 내 손에는 몇만 원어치 물건이 들려 있었다. 내가 가진 돈은 전부 많은 이들의 헌금이었다. 결국 내 것이 하나도 없는데 내 것을 빼앗기는 것처럼 굴었다.

하나님께서는 이스라엘 백성에게 가장자리 이삭은 베지 말고 가난한 사람이 먹을 수 있게 하라고 하셨다. 몽골에 기름값이 많이 올랐는데 택시비는 오르지 않아 기사들의 수입이 많이 줄어든 상황이었다. 나는 이후로 택시비의 잔돈은 받지 말고 기사들에게 이삭으로 남겨주어야겠다고 다짐했다.

또한 현지인에게 속을지언정 그들과 싸우지 말아야겠다고 결심했다. 싸우는 순간, 선교사로서 지는 것이기 때문이다. 만약 내가 돈을 더 중요하게 여긴다면 미국에서 좋은 직장에 들어가 돈으로 후원하는 게 훨씬 나았다. 때로는 속을지라도 나눔에 있어서 넉넉함과 풍성함을 잃지 말아야 할 필요가 있다. 하나님은 죄인 된 우리에게 늘 풍성한 분이시기 때문이다.

하나님이 채우시리라

하나님께서는 미국에서와 마찬가지로 몽골에서도 동일한 신실함으로 우리의 쓸 것을 지속적으로 채우셨다. 후원금을 충분히 모아서 가지 않았지만 부족함이 없었다.

한때 교회의 든든한 후원을 받고 교단 파송을 받아 오는 목사 선교사들이 부러운 적이 있었다. 그들이 교회를 짓거나 사역을 확장하는 게 쉬워 보였고, 생활이 안정적이라고 느꼈기 때문이다. 하지만 하나님께서는 우리가 교회를 의지하기보다 그분을 향해 주머니를 여는 헌신된 교인의 마음을 의지하길 원하시는 것 같았다.

유학 시절에 출석한 케임브리지 연합장로교회가 작은 교회의 어려운 재정에도 불구하고 우리 가정을 정성스럽게 후원해 주고 있는 것만으로 감사하다. 우리는 양적으로 풍족한 후원 없이도 그때그때 채우시는 하나님의 공급을 경험하면서 선교지에서 그분의 의도에 더 민감할 수 있었다. 또 순전히 그분이 원하시는 방향에 서 있을 수 있었다.

나는 사역을 위해 몽골에 온 게 아니라 그저 하나님이 원하시는 모습대로 살아가며 그분의 은혜의 통로가 되도록 내 삶을 내려놓기 위해 온 것이다. 그러기에 실패의 두려움 없이 사역의 결과에 연연하지 않는 자유와 평안을 누렸다.

1년이 지나면서, 파송교회에 생활비와 사역비를 전적으로 의지하는 선교사 중에 사역 보고에 부담을 느끼며 파송교회의 의도에 신경을 쓰는 사람들을 보았다. 어떤 경우에는 파송교회가 원하는 방향에 맞추어 사역을 하다 보니 하나님께 묻고 그분이 원하시는 방향으로 나아가려는 노력을 하지 못하는 걸 본다. 그래서 내가 순전히 하나님을 의지하고 그분께 물으며 그분의 계획에 나를 맞추어 나아갈 수 있는 데는 재정적인 자유함이 큰 힘임을 알았다.

　여름 단기선교로 온 팀들이 우리 가정에 많은 선물을 주고 갔다. 그 선물을 보면서 하나님의 섬세하심을 느꼈다. 막 떨어져 가던 식료품이나 세제가 채워졌다. 아내가 살이 빠져 입을 바지가 없었는데, 마침 바지를 선물로 남겨주어 입어보니 정확히 맞았다. 아내의 화장품이나 목욕용품 등도 섬세하게 채워졌다. 우리에게 필요한 것들이 하나하나 공급됨을 보며 하나님께서 얼마나 세밀히 우리를 돌보시는지를 경험했다.

　2005년 국제 코스타 본부로부터 유학생들을 대상으로 강의를 요청 받았을 때, 하나님께서 비행기표를 주시면 허락하신 뜻으로 알고 섬기겠다고 기도했다. 하나님께서 필요하다고 생각하시는 부분은 직접 채우시는 걸 믿었기 때문이다. 그리고 내가 코스타에 가는 걸 원치 않으신다면 물질을 끊으시기를 바랐다. 내 초점은 물질을 채워주셔서 하나님의 뜻을 확인할 수 있도록 물질의 공급 여부를 그분께 의탁하려는 거였다.

그 후 특별 헌금이 몇 차례 들어와서 세 군데 코스타를 섬길 수 있는 비용이 채워졌다. 헌금한 이들은 이유 없이 도왔겠지만, 하나님은 그 돈을 코스타를 위해 쓰도록 나를 인도하시는 징표로 사용하셨다고 믿는다.

베풀고자 하는 마음도 내려놓기

우리는 때로 누군가에게 무언가를 줄 때 양심을 따른다. 그러나 양심은 우리가 신뢰할 만한 출처가 아닌 경우가 많다. 실제로 몽골에서는 하나님께 묻지 않고 자기의 양심에 따라 누군가에게 돈을 주어 속고, 관계마저 깨지는 경우를 자주 본다.

사실 교인들 중에 극도로 사정이 어려운 이들이 많다. 그런데 내가 그들을 도와야 한다는 충동과 그들로 하여금 기도해서 하나님께 얻게 해야 한다는 두 가지 길 사이에서 어느 걸 택할지가 늘 숙제다. 몽골 교회가 자립하고 하나님의 도우심 가운데 홀로 설 수 있도록 교인들의 선교사에 대한 의존을 줄이는 게 내 바람이다.

나는 제한된 자원을 어떻게 사용하는 게 옳은지 늘 부담이 있었다. 그래서 교회 구제와 관련해서는 무조건 하나님께 묻고 결정하기로 마음먹었다. 한 집사님이 나를 찾아왔다(그는 교회 리더였는데 병원에 갈 일이 있거나 급한 가정사가 생기면 내가 개인적으로 돕곤 했다). 그의 동생이 깡패들에게 한쪽 눈을 잃었는데 인도에 가서 수술을 마쳤다고 했다.

그 수술비에 보태기 위해 남편의 영업용 자가용을 저당 잡혔는데 이틀 뒤까지 갚지 못하면 차가 넘어간다며 돈을 빌려달라고 했다. 나는 돈을 빌려주면 사람을 잃을 수 있다는 사실을 잘 알기에 함께 기도하면서 하나님의 도우심을 구하자고 말하고 돌려보냈다.

이틀 동안 기도하며 하나님께 여쭈었으나 응답이 없으셨다. 하나님께 내 통장의 돈은 모두 하나님의 것이니 쓰라고 하시는 곳에 사용하겠다고 말씀드렸다. 마지막 날은 애가 탔다. 응답하지 않으시면 자의로 필요한 돈의 일부를 주겠다고도 했다.

그런데 그 과정 가운데 내게 돈을 주어 책임을 면하고 양심의 가책에서 벗어나고픈 마음이 있음을 알았다. 솔직히 그냥 주는 게 마음이 편할 것 같았다. 돈을 안 주는 게 더 어렵게 느껴졌다. 그래서 나는 '베풀고자 하는 마음까지도 하나님 앞에 내려놓습니다'라고 기도했다.

결국 응답이 없어서 그 집사님에게 솔직히 말했다.

"하나님께 기도했지만 응답이 없습니다. 저는 드리고 싶은 마음이 크지만 응답 없이는 돈을 주거나 빌려줄 수 없습니다."

이틀 뒤 지방에 갔다가 그의 소식을 간접적으로 들었다. 그가 차를 저당 잡히지 않았다는 것과 돈이 필요해서 내게 거짓말을 했다는 사실이 밝혀졌다. 물론 어떤 다른 이유로 돈이 필요했던 것일 수 있으나 거짓이 섞인 요청은 들어주어서는 안되었다. 늘 있는 일이지만 이 땅에 깊이 뿌리박혀 있는 거짓의 영이 어떻게 교인들에게 역사하는지 절감했다. 그리고 왜 하나님께서 내 기도에 응답하지 않으셨는지도 알 수 있었다.

하나님의 응답이 없어서 돈을 내어주지 않은 게 얼마나 감사한지…. 만약 내가 조급하게 내 감정대로 반응했다면, 오히려 그를 죄 가운데 더 깊이 빠지도록 부추긴 결과를 낳았을 것이다. 그리고 하나님께서 어떻게 내 삶에 개입하시고 말씀하기를 원하시는지 깨닫는 소중한 기회를 잃었을 것이다.

물질이 내 손에 있더라도 어떻게 사용할 것인가의 문제에서 하나님의 인도하심을 구하는 게 절대적으로 필요하다. 우리는 하나님으로부터 물질을 위탁 받은 청지기이기 때문이다. 우리가 물질을 흘려보낼 때 누군가에게 영향력을 미치기 위해서나 어떤 대가를 바라는 마음이 있다면, 그건 옳지 않다.

특히 교회가 선교비를 후원하는 경우도 마찬가지다. 순전한 동기로 주는 것인지 기도하며 확인할 필요가 있다. 우리 손에 있는 물질을 하나님의 뜻을 묻고 사용하는 훈련을 하면 그분의 선한 청지기로 살 수 있다.

CHAPTER 3

생명과 안전에 대한 염려를 내려놓다

육신의 건강은 하나님의 주권 아래 있다

아내가 박사과정에 입학하여 정신없이 논문 자격시험을 준비할 무렵이었다. 어느 날부터 아내는 팔에 통증을 느껴 잘 움직이지 못했다. 아내와 나는 컴퓨터 자판을 많이 칠 때 온다는 통증 질환인 RSI(Repetitive Strain Injury, 반복사용 긴장성 손상증후군)가 아닐까 걱정했다. 그래서 내가 아내를 위해 기도하려고 아픈 팔을 잡았을 때, 성령께서 우리 안에 회개하고 내려놓아야 할 것이 있음을 깨닫게 하셨다.

당시 아내는 긴장된 시기를 보내고 있었다. 아침에 학교에 가서 오후 5시까지 공부한 후에 아이를 유아원에서 데려온 후에 집안일을 돌봐야 했다. 내가 도와주는 것에도 한계가 있어서 아내는 학교에 있는 시간을 제외하고는 밤이나 새벽 시간이 되어야 공부할 수 있었다.

아내는 시험을 앞두고 많이 불안해했다. 영어 실력도 부족했지만 시사 상식이나 경제 지식이 부족하여 영양 정책과 관련된 수업을 들을 때 무척 난감해했다. 그녀 주변의 학생들이 교수에게 질문을 하고 또 교수의 질문에 적극적으로 대답하는 모습을 보며 뛰어난 학생들과 자신 사이의 격차 때문에 좌절감을 느끼곤 했다.

나는 하나님께서 아내의 불안을 만지기 원하심을 깨달았다. 베드로가 물 위를 걷다가 예수님이 아닌 파도를 바라보고 무서움을 느껴 물에 빠져갔던 것처럼(마 14:28-30), 아내는 세상의 파도 앞에서 두려움을 느끼고, 지푸라기라도 잡는 심정으로 몸을 혹사하면서 공부에 몰두했다. 그러나 그건 잠시 위안을 줄지는 몰라도 결과적으로 그녀의 몸과 영혼을 짓눌렀다.

아내는 하나님의 인도하심으로 공부를 시작했지만 그 과정에서 그분이 원하시는 대로 공부하지 못했다. 하나님을 위해 공부한다는 명목은 있었지만 어느새 공부가 하나님의 것이 아닌 자기 것이 되면서 스스로를 옥죄고 있었다.

우리가 하나님께 우리의 비전이 무엇인지를 묻는 것 못지않

게 그 비전을 '어떻게' 이루어갈지를 묻는 것도 중요하다. 하나님의 방식에는 위안과 쉼이 있다. 그분을 신뢰하면 비전을 이루어가는 과정에서 자신의 부족함이나 상황의 절박함이 문제가 되지 않는다.

우리 부부는 처음에 팔의 문제에 집착해서 앞으로 아내의 몸에 문제가 생기거나 장기 후유증을 걱정했다. 그러나 하나님은 팔의 통증을 통해 아내에게 경각심을 주시면서 공부의 성패의 주권이 누구에게 있는지를 물으셨다. 하나님은 아내가 비전을 이루어가는 과정과 그 자세에 관심이 있으셨다. 그리고 그것을 만지심으로 그녀가 자유함을 누리게 하시려는 것 같았다.

우리는 건강 그 자체에 관심이 있지만 하나님은 건강에서 오는 다양한 문제를 통해 우리에게 말씀하기 원하신다. 우리가 건강에 집착하고 그것 때문에 두려워하면, 핵심을 잃고 다른 곳에서 해결점을 찾거나 점점 하나님이 원하시는 방향과 다른 방향으로 갈 수 있다.

당신은 안전해요

하나님은 아내의 건강에 대해 한 번 더 우리에게 물음을 던지셨다. 논문 자격시험을 몇 주 남겨둔 시점에 아내가 부인과 진찰을 받으러 갔다. 그런데 가슴에 작은 멍울이 발견되었다.

의사는 종양이 작아서 악성인지 아닌지 구분하기 어려우니 자세한 검사를 해보자고 제안했다. 아내와 나는 여러 가지 생각에 잠겼다. 생각은 마구 발전하여 '혹시 암이라면…' 하는 데까지 미쳤다. 나는 자문해보았다.

'아내를 잃는 최악의 상황이 벌어져도 그 사실을 인정하고 받아들일 수 있니?'

정말 묻고 싶지 않은 질문이었고, 대답하고 싶지도 않았다. 차라리 내 생명에 관한 질문이 더 쉬울 것 같았다. 하지만 언젠가는 넘어가야 할 문제라고 생각하여 이 부분을 놓고 기도했다.

쉽지 않았지만 결국 아내도 '내 것'이 아니고 주님의 것이니 주께 의탁하는 게 옳다고 인정했다. 그리고 아내의 건강이나 생명과 관련된 일도 하나님의 뜻대로 이루어지길 기도했다. 모두 하나님의 주권 아래 있고, 그분의 선하신 뜻 가운데 최상의 것을 우리에게 허락하신다는 것과 그것이 우리 눈에 보기 좋은 것과 다를 수 있음을 인정하고 고백하자 내 마음에 평안이 흘러들어 왔다.

하나님께서 그 상황에 개입하고 계심이 느껴졌다. 그리고 그분의 뜻은 우리를 힘들게 하기 위함이 아니라 우리에게 믿음을 더하게 하시려는 것임을 알았다. 그리고 내가 아내의 생명까지도 하나님께 내려놓는 시험을 이미 통과했기에 더 이상 그 문제가 우리를 괴롭히지 않으리란 걸 확신했다. 내가 아내에게 말했다.

"여보, 이건 지나가는 과정이에요. 결코 이 문제가 우리 가정에 더 이상 어려움을 주지 않을 거라고 하나님께서 말씀하셨어요. 당신은 안전해요."

믿음이란 결국 앞으로 이루어질 일을 확신함으로 현재를 사는 것이다. 우리의 믿음대로 종양은 악성이 아니었고 아내는 건강을 되찾았다.

얼마 후 아내의 논문 자격시험 당일에 기도하는데, 하나님께서 내 마음에 감동을 주셔서 그 기쁨을 아내에게 전했다.

"여보, 당신은 시험에 이미 합격했어요. 편안한 마음으로 시험장에 가면 돼요. 우리가 하나님이 주신 믿음의 시험을 이미 통과했기 때문에 이번 자격시험은 지나가는 통과의례에 불과합니다."

그날 아내의 동기 넷이 시험을 같이 보았는데, 그중 두 명만 합격했다. 아내가 생각하기에 실력 있고 뛰어난 미국 학생 두 명이 불합격했고, 아내와 다른 한 명이 합격했다고 했다. 아내는 시험문제가 너무나 자신 있는 데서만 나왔다며 하나님을 찬양했다.

삶의 분주함과 자녀 자랑 내려놓기

하나님은 많은 경우에 건강 문제로 우리의 모난 부분을 다루시며 우리의 초점이 하나님을 향하도록 하신다.

어느 날 한국에서 매형이 전화를 걸어왔다. 우연한 기회에 종합검진을 받았는데 신장에서 큰 혹이 발견되었다고 했다. 그리고 신장에 생긴 혹은 80퍼센트 정도가 악성으로 판명된다고 했다. 매형은 곧 신장 한쪽을 제거하는 수술을 받을 거라며 기도를 부탁했다.

순간 앞이 캄캄했다. 매형이 어려움을 겪는 게 안타까웠고 하나님의 뜻이 무엇인지를 알고 싶었다. 며칠 동안 기도하는데 하나님께서 깨달음을 주셨다. 매형을 향한 것과 어머니를 향한 것, 두 가지였다. 하나님께서 그의 삶이 더 하나님 중심이 되기를 원하신다고 하셨다. 하나님은 그가 분주함을 벗어버리고 삶의 주인이 누구인지를 확인하고, 삶의 중심을 다시 세우기를 원하셨다.

다른 하나는 어머니에 관한 거였다. 어머니는 시댁이 예수님을 믿지 않았기에 신앙을 지키기 힘든 환경 속에서도 삼 남매를 믿음의 자녀로 양육했고, 모두가 좋은 교육을 받을 수 있도록 보살폈다(사위인 매형은 명문대 박사과정을 마치고 대학에서 교수로 있었고, 성가대에서 봉사하며 인품이나 능력 면에서 교인들의 칭찬을 많이 받았다). 어머니에게는 삼 남매와 매형이 자랑이요 보배였다. 어머니는 때로 전도를 하거나 상담을 할 때, 자녀 이야기를 하곤 했다. 믿음의 결과로 자녀가 축복을 받는다는 걸 예로 알려주기 위해서였다.

나는 기도 중에 하나님께서 그 부분을 다루고자 하심을 깨달았다. 매형이 아프다는 소식을 듣고 극히 상심하고 있을 어머니에게 이를 알리기 위해 전화하는 게 쉽지 않았다. 하지만 이 방법밖에 없었다.

"어머니, 매형은 죽지 않아요. 단지 하나님께서 다루고 싶으신 부분이 이 일을 통해 다루어질 겁니다. 그리고 하나님께서 어머니가 자녀들을 자랑하고 드러내는 걸 원치 않으세요. 어머니는 하나님의 영광을 위해 자녀들을 언급하지만 하나님께서는 '네 영광과 내 영광이 그 가운데 뒤섞여 있다'라고 말씀하세요.

물론 자녀가 어머니의 면류관이긴 하지만 이제 자녀를 하나님의 것으로 돌려드리세요. 어머니가 하늘나라에 갈 때 불 속을 지나갈 텐데 세상에서 자랑한 것들은 지푸라기 같아서 지나가는 동안 다 타버리고 만대요(고전 3:12-15). 어머니가 불 가운데 가진 걸 다 태우고 빈손으로 하나님 앞에 설 수는 없잖아요?"

내게 참 쉽지 않은 도전이었는데 감사하게도 어머니가 이 말씀을 깊이 받았다. 어머니는 전화기에 대고 "맞다"라고 되뇌며 한참을 울었다. 우리가 우리의 전부를 하나님 앞에 내려놓을 때 그분이 우리의 세밀한 부분까지도 만지심을 다시금 볼 수 있었다.

하나님의 허락 없이는 일어나지 않을 일

몽골은 한국보다 사회적으로 불안 요소가 많고, 사회보장 제도도 잘 갖춰져 있지 않다. 그래서 우리 가족은 건강이나 생명, 가족의 안전을 하나님께 의뢰하며 그분의 계획을 신뢰해야 함을 더 깊이 묵상했다.

몽골로 들어오려고 했을 때, 아내는 아이들이 의료 혜택을 받지 못할 걸 두려워했다. 몇 년 전만 해도 몽골 종합병원에는 인큐베이터조차 갖추어져 있지 않았다. 미국의 의료보험 제도의 혜택을 누리면서 키우다가 막상 의료 체계가 갖춰지지 않은 환경으로 아이들을 데리고 간다는 게 그녀를 불안하게 했다. 아내는 기도하다가 자신이 하나님보다 미국의 의료 제도를 더 의지하고 있음을 깨달았다. 하나님을 더 신뢰하며 자신이 붙잡고 있던 걸 내려놓아야 자유할 수 있었다.

'팔복'의 김우현 감독을 비롯한 몇몇 사람이 우리 집을 방문했을 때, 아내에게 물었다.

"여기 아파트 입구가 많이 어둡고 위험해 보이는데 혹시 나쁜 사람에게 봉변을 당할까 봐 두렵지 않나요?"

아내의 대답은 간단했다.

"하나님의 허락 없이는 그런 일이 일어나지 않지요. 또 하나님이 허락하신다면 다 이유가 있게 마련이지요."

우리 부부는 적어도 하나님께 사명을 받은 사람은 그 사명이 다할 때까지 하나님께서 데려가시지 않는다는 사실을 믿는다. 설령 우리를 데려가신다고 해도 그때가 하나님의 가장 완벽한 타이밍임을 신뢰한다.

2005년 봄에 한 목사님이 이레교회를 방문했다. 그와 함께 내가 알고 지내던 목동의 집에 가서 예배를 드렸다. 예배 후 목동의 말을 잠시 빌려 탔는데, 목사님이 말 위에 오르자마자 말이 갑자기 달리기 시작했다. 거칠게 달리던 말은 다행히 경사진 산 쪽으로 내달았다. 감사하게도 목사님은 그때까지 안장에서 떨어지지 않았다. 산기슭에 닿아 말은 멈추었고, 목사님은 말에서 미끄러지듯이 바닥으로 떨어졌다. 만약 달리는 말에서 떨어졌으면 크게 위험했을 상황이었다.

그 사건을 통해 목사님은 하나님께서 자신을 몽골로 부르신다고 생각했다. 원치 않는 곳으로 하나님이 이끌어가시는 걸 느끼면서 몽골을 두고 깊이 기도했다고 한다. 결국 목사님은 담임하던 교회를 내려놓고 몽골 선교사로 오기로 결정했다. 안전의 문제를 통해 하나님께서 그에게 당신의 뜻을 보이셨던 것이다.

가장 안전한 삶의 조건

2005년 여름, 케임브리지 연합장로교회에서 유광훈 집사 부부가 몽골에 왔다. 그는 학부 시설 학과 기독인 모임을 시작했을 때부터 줄곧 나와 지냈으며, 내가 걸어온 길을 유사하게 밟아 하버드대에서 몽골 제국사 공부를 하는 후배였다.

그 부부와 이레교회 청년인 뭉크, 툭수와 함께 우불항가이 지역으로 여행을 갔다. 그곳에서 저녁에 유목민의 말을 빌려 탔는데, 그 말들은 사람들을 많이 태워보지 않아 무척 드세고 거칠었다. 나는 그가 말을 타본 경험이 적었기에 속으로 걱정을 했는데, 아나나 다를까 말이 갑자기 방향을 틀어서 뛰는 바람에 그가 말에서 떨어지고 말았다.

옆에서 보기에는 다행히(다리 한쪽이 땅에 먼저 닿은 상태로 엉덩이가 땅에 닿았기 때문에) 크게 다치지 않은 것 같았다. 감사하게 말에 밟히지도 않았다. 그런데 다가가 보니 정신을 잃고 혼절해 있었다. 급히 응급조치를 했더니 1분 정도 있다가 정신이 들었다. 그런데 자기가 왜 그곳에 있는지 모르겠다고 했다. 1분 동안 3일 정도에 해당하는 사건들이 환상으로 지나갔던 모양인데, 그는 한동안 환상과 현실을 구분하지 못했다. 다행히 30분쯤 지나자 그의 기억이 정리되었다.

낙마 사건을 겪고 집으로 돌아오는 길에 우리는 가슴 철렁한 또 한 사건을 목격했다. 앞에 가던 차에 사람이 치여 쓰러져 일어나지 못했다.

그 사건들을 통해 후배 부부는 삶의 주권이 하나님께 있음을 더 깊이 느꼈다. 우리는 함께 예배하면서 자신을 포함한 가족의 죽음을 늘 준비해야 함을 나누었다. 그리고 가족의 죽음도 하나님께 의탁할 수 있게 해달라는 기도를 드렸다. 그 부분을 내려놓을 때 진정한 평안이 우리를 감싸고, 더 이상 사단이 우리의 두려움을 이용하지 못할 것이기 때문이었다.

몽골에 있어서 안전하지 못하고 미국이나 한국에 있어서 안전한 게 아니라 하나님과 함께하는 삶이 가장 안전한 삶임을 다시 한번 고백했다.

우리는 안전의 문제를 주님께 의탁해야 한다. 하나님께서는 우리의 안전에 관심이 많으시고 우리를 소중하고 존귀하게 여기신다. 그래서 이 문제를 맡겨드리기에 합당한 분이시다. 사단은 우리에게 가족의 안전 문제만큼은 움켜쥐라며 두려움으로 몰아가지만 이 부분까지 하나님께 맡길 때 우리는 새로운 평안을 경험할 수 있다.

몽골 땅에 떨어진 한 알의 밀

한번은 몽골 우불항가이를 여행하며 끝없이 펼쳐진 초원을 바라보다가 문득 하나님을 찬양하고 싶은 충동을 느꼈다. 예배의 갈망에 사로잡혀서 찬양을 시작하려는 순간, 내가 타고 있던 차의 기사가 그때까지 틀어놓았던 몽골 가요를 끄고 갑자기 테이프를 틀었다. '경배와 찬양'의 곡이었다. 내 마음속의 예배를 그 테이프의 찬양이 도와주었다. 드넓은 초원에서 찬양을 따라 예배하면서 감격했다.

그런데 얼마 후에 차가 우불항가이의 한 작은 솜(우리나라의 군에 해당하는 행정 단위)의 중앙부에서 멈춰 섰다. 갑자기 차의 시동이 꺼졌는데 다시 걸리지 않는다고 했다. 예배를 드리는 중이었던 나는 주변을 둘러보았다. 우리가 멈춰 선 곳은 마을 전체가 한눈에 보이는 장소였다.

게르(몽골 전통 가옥인 천막식 건물)가 한 채씩 눈에 들어왔다. 나는 하나님이 주시는 마음으로, 알지도 못하는 그 마을의 한 가구 한 가구를 놓고 중보기도를 시작했다. 내가 마지막 게르를 위한 기도를 마치자 차에 시동이 걸렸다.

그때 왜 성령께서 그 마을을 위해 중보하기를 원하셨는지 나중에 알았다. 그 마을은 김성호라는 형제가 순교한 곳에서 가까웠다. 그는 한국외항선교회와 연결되어 우불항가이 지역에 와서 교회 지붕을 수리하던 중 감전 사고로 사망했다. 그를 기념하는 교회가 우불항가이에 세워졌다. 애통과 의에 대한 목마름이 부흥의 씨앗이 된 것이다. 나는 그 생명의 씨앗이 심긴 곳에 작은 기도의 씨앗을 심었다.

김우현 감독이 몽골에 방문했을 때, 함께 김성호 순교자가 묻혀 있는 묘소를 찾았다. 김 감독은 몽골을 방문하기 직전에 몽골에서 순교한 사람들의 이야기를 들었고, 그가 앞으로 소개할 영상과 책에 담고자 했다.

그를 비롯한 몇몇 사람과 함께 순교자의 묘소로 갔다. 그런데 갑자기 불어닥친 눈보라 때문에 지체하다가 떠나려는 마지막 순간에 가까스로 무덤을 찾았다. 나는 그곳에서 기도하면서 가슴이 벅차올랐다.

우리는 예수전도단 산하의 킹스키즈(King's Kids) 팀원들이 순교한 현장에 가서도 함께 기도하는 시간을 가졌다. 킹스키즈 팀은 몽골에 와서 미전도 종족에게 복음을 전하고 돌아가는 길에 강을 건너다가 팀원 중 2명이 강물에 떠내려가는 사고를 당했다.

© 이요셉

그를 비롯한 몇몇 사람과 함께
순교자의 묘소로 갔다.
그런데 갑자기 불어닥친 눈보라 때문에
지체하다가 떠나려는 마지막 순간에
가까스로 무덤을 찾았다.
나는 그곳에서 기도하면서 가슴이 벅차올랐다.

우리와 함께 그 현장에 간 이레교회 청년들은 자신들을 섬기기 위해 이 땅에 와서 생명을 내려놓은 이들에 대한 감사 기도를 했다.

한 알의 밀이 땅에 떨어져 많은 열매를 맺는 게 하나님의 법칙이다(요 12:24). 하나님은 때로 우리의 죽음을 통해서도 하나님나라를 확장해가신다. 이런 죽음이 실패가 아닌 승리가 되는 이유는 우리에게 영원한 생명과 안식의 소망이 있기 때문이다.

부흥의 씨앗인 몽골에서의 순교자를 생각하면서 양과 염소의 차이를 묵상할 기회가 있었다. 예수님은 마지막 때에 양과 염소를 구분하겠다고 하셨다(마 25:32). 양은 하나님의 자녀로 천국을 유업으로 받을 존재를 상징하고, 염소는 구원에 이르지 못하는 백성이다. 양과 염소의 차이는 죽임을 당할 때 극명하게 드러난다.

양은 죽임을 당하는 걸 알아도 전혀 반항하지 않는다. 칼에 목이 베어 피가 내장으로 흘러들어 가는 순간까지(몽골에서는 양을 잡을 때 피가 밖으로 새지 않고 내장에 고이게 한다) 반항하지 않는다. 그저 그 선한 눈으로 하늘을 바라보며 조용히 숨을 거둔다.

반면에 염소는 죽기 전에 심하게 저항한다. 그래서 보통 성인 남자들이 염소를 붙들고 다리를 묶어야 한다. 죽을 때 심하게 괴성을 지르며 몸을 버둥거리기 때문에 염소를 잡으면 동네 사람들이 다 알 정도이다.

최후를 맞는 양과 염소의 모습 중에서 하나님의 자녀로서 나는 과연 어느 쪽인지 생각해보았다. 극한 상황을 어떤 모습으로 맞이하는가가 우리가 하나님 앞에 양인지 염소인지를 분별하게 해줄 것이다. 또한 우리가 실패했을 때, 어떤 모습으로 서 있는가가 우리 신앙의 성숙도를 보여줄 것이다.

천국에서 만나잖아요!

며칠 전에 남매 보컬과 한 명의 키보드 연주자로 구성된 그룹 '셀라'(Selah)의 찬양 CD를 들었다. 비록 사람들이 다 아는 평이한 곡을 단순한 피아노 반주에 육성으로 찬양한 것인데도 미국 CCM계를 강타하고 있었다.

그 찬양집의 배경을 아내에게 설명해주었다. 남매의 할아버지가 아프리카에서 선교하다가 순교했는데, 그 아버지가 하던 일을 다 내려놓고 할아버지의 뒤를 잇기 위해 아프리카로 들어가 선교한 것과 그들이 아프리카에서 자라면서 선교사의 영성으로 찬양하게 된 이야기를 해주었다. 그때 옆에서 듣던 동연이가 물었다.

"아빠, 선교사가 죽는 거야?"

아마 아빠 엄마와 자기 친구들의 부모 또한 선교사라는 사실을 알기에 물었을 것이다. 내가 대답했다.

"응, 선교사는 죽을 수도 있어. 죽더라도 기쁨으로 하나님의 일을 하는 거야. 아빠랑 엄마는 선교사잖아. 그렇지?"

"그러면 나는?"

"동연이도 선교사지! 우리는 모두 다 같이 선교사야."

나는 조심스럽게 아이의 표정을 읽으려 했다. 동연이는 밝게 웃으면서 뿌듯해했다. 자신이 아빠 엄마와 같은 존재라는 게 아이를 기쁘게 했으리라 생각했다.

"동연아, 너는 선교사 되는 게 좋아? 죽는 게 안 무서워?"

"죽으면 천국에서 다 같이 만나잖아요!"

아이가 아직 죽음을 잘 알지 못하지만, 그래도 언젠가 들었을 하나님나라에 대한 믿음이 있는 걸 보니 기뻤다. 하지만 아이가 죽음이 두렵지 않다고 말하는데도, 아이를 잃는 것에 대해 내 마음에 잠시 두려움이 일었다.

가족의 안전에 대한 두려움은 우리를 힘들게 한다. 나는 최근에 김우현 감독의 《팔복2-애통하는 자는 복이 있나니》와 한재성 선교사의 《땅 끝에 남은 자》를 접하면서 사랑하는 자를 잃는 두려움을 깊이 생각했다.

　우리의 건강이나 생명은 하나님의 주권 아래에 있다. 우리가 가족의 안전에 대한 걱정을 붙잡고 있어도 아무 소용이 없다. 우리에게 그 생명을 지킬 능력이 없음을 인정해야 한다. 죽음이나 질병, 사랑하는 사람을 잃는 두려움으로부터 자유함을 누리기 위해 가족의 안전도 주님 앞에 내려놓아야 한다.

　우리가 주님께 의탁할 때, 두려움의 사슬이 끊어진다. 예수님이 겟세마네에서 기도하시면서 당신의 생명을 내려놓으셨듯이 우리가 가진 모든 걸 주님 앞에 내려놓아야 진정한 자유를 누릴 수 있다. 내 것이라고 고집하고 꼭 붙들고 있는 걸 내려놓을 때만 진정한 자유와 평안을 소유할 수 있다.

CHAPTER 4

내 경험과 지식을
내려놓다

평범 이상을 기대한다면

하나님은 우리의 경험과 지식을 사용하신다. 그러나 때로 우리가 믿음을 통해 초자연적인 일을 이루게 하시기 위해 내 경험이나 지식을 내려놓고 그분만 신뢰하기를 요구하실 때가 있다.

우리는 정상적인 상황 속에서는 정상적인 결과만 본다. 평범한 것을 기대하며 예상 가능한 것만 바란다면 그 이상을 보기는 어렵다. 특별한 것을 소망하고 기도 가운데 그것이 이루어지길 기다리려면 특별한 믿음이 필요하다.

우리가 평범한 일을 이루고자 할 때는 대체로 어떻게 계획을 잡아야 할지와 시행할 때 어떤 결과가 나올지 예상이 가능하다. 그래서 굳이 하나님께 묻지 않는다. 그 일이 만약 교회 일이라면 그저 '하나님, 우리가 이런 계획을 세웠으니 이 계획이 차질 없이 진행되게 도와주세요'라고 기도한다.

그러나 하나님께 묻지 않고 경험과 지식에 의거하여 일상적으로 일을 계획하고 진행하면 그 사역 가운데 하나님의 영광을 보기는 어렵다. 하나님께서는 때로 상식적이지 않은 걸 요구하시거나 앞이 보이지 않는 상황으로 우리가 전진하기를 원하시기 때문이다. 이는 우리 믿음의 분량을 키워주시기 위함이다. 그런 하나님의 초청에 응하여 우리의 전체를 그분께 맡길 때, 놀라운 일을 우리에게 보여주신다. 우리 믿음의 반응만큼 하나님의 경이로우심을 체험하게 하신다.

빈자리에 잠시 있어주기

유학 시절에 애리조나 주 호피 인디언 부족 거주지로 단기선교를 갔다. 나는 그곳에서 내 경험과 지식을 내려놓을 때 비로소 하나님이 일하심을 몸으로 느꼈다.

2002년 봄, 케임브리지 연합장로교회는 최초로 단기선교를 준비했다. 나도 선교부장으로서 동참했다. 당시 교회가 후원하던 장두훈 선교사님(호피와 나바호 인디언 사역)은 내가 목양교회 청년부에 있을 때 전도사였던 분이었다.

어느 날 내가 단기선교를 위해 호피 부족을 생각하며 기도하고 있을 때였다. 장 선교사님이 교통사고로 소천했다는 급한 연락이 왔다. 나는 장례식에 참석하기 위해 LA로 가서 사고의 정황을 전해 들었다. 선교사님이 LA에 있는 교회들로부터 호피 인디언을 위한 구호물품을 전달 받아 밴에 싣고 애리조나 주로 향하던 중에 모하비 사막에서 타이어가 터지면서 차가 여러 차례 구르는 사고가 났다고 했다.

나중에 선교사님을 돕던 한 미국인 부부에게 들으니 선교사님이 타이어 살 돈이 없어서 싸구려 재생 타이어를 사용한 게 사고의 원인이라고 했다. 적게나마 선교를 후원하던 입장이었던 내게는 큰 충격이었다. 마음이 무너졌다. 돈 몇 푼 때문에 선교사님이 돌아가셨다는 사실이 슬펐다. 교회로 돌아와 이 사실을 나누면서 많이 울었다.

상황이 그렇게 되자 우리가 준비하던 단기선교 일정을 취소해야 할 분위기가 되었다. 나는 단기팀과 함께 금요 철야예배 때 기도하고 나서 하나님이 말씀하시는 대로 따르자고 했다. 기도 가운데 하나님이 많은 눈물을 주셨다. 나는 고백했다.

'하나님, 장두훈 선교사의 죽음은 우리의 죽음이기도 합니다.'

'너, 혹시 두훈이 대신 그곳에 가줄 수 있겠니?'

하나님이 물으셨고, 나는 울며 대답했다.

'하나님, 그곳에 우리 팀을 재워줄 곳이 없고, 그 땅에 우리를 맞아줄 사람이 없을지라도 가겠습니다.'

하나님께서는 장 선교사님의 빈자리에 우리가 잠시 있어주기를 원하셨다. 나는 그곳에서 아무 일도 못 하고 단지 땅만 밟고 오더라도 하나님이 왜 그 땅에 순교의 피를 두셨는지 알아야겠다고 생각했다. 그저 부르심을 따라 그 땅에 있다가 오는 게 우리 단기선교의 목표였다.

전체 기도 후에 팀원들에게 기도 응답 여부를 물었다. 모두가 호피 부족에게 가야 한다는 확신을 얻었다고 대답했다. 순간, 우리 안에 믿음으로 하나 됨의 감격이 몰려왔다. 그렇게 우리는 호피 부족을 품고 단기선교를 준비했다.

순교자의 피, 예수님 피의 자취

뒤늦게 김영호 담임목사님과 박정관 협력목사님이 합세하셨다. 당시 단기선교를 인도하게 된 나는 전혀 경험이 없었다. 그런데 두 분이 팀원으로 들어와 낮아짐과 섬김의 본을 보여주며 나를 세워주셨다. 돌아보면 그들에게는 매우 힘든 일일 수도 있었는데, 그런 내색 없이 기쁨으로 함께해주셨다.

호피 부족에게 들어가기 전날까지도 우리가 묵을 곳이 정해지지 않았다. 호피 부족을 위한 교회가 있었지만 교회 리더가 우리가 건물을 사용하는 걸 원치 않았다(당시 교회 내에 복잡한 갈등이 있는 것으로 보였다). 그래서 우리는 텐트를 준비해서 떠났다. 그렇게 믿음으로 떠나 애리조나 주의 플래그스태프에 도착하기까지 하나님께 전적으로 의지하는 시간을 가졌다.

그런데 다음날 일정을 놓고 단기선교 팀원들 간에 의견 차이가 생겼다. 한쪽은 호피 부족의 영산(靈山)에 올라가 기도함으로써 그 지역의 영적인 세력을 제어하고 사역을 시작하길 원했다. 반면, 다른 한쪽은 장두훈 선교사님의 무덤이 있는 곳에 가서 예배를 드린 후에 마을로 들어가길 원했다.

우리는 기도하고 논의하기를 반복한 끝에 예수님의 피야말로 영적 전쟁의 가장 중요한 기본이며, 순교자의 피는 바로 예수님의 피의 또 하나의 모본이라는 말씀을 하나님께 받았다. 호피 부족의 영산에 가기를 원했던 지체도 하나님의 말씀을 듣고 그의 지식과 경험을 하나님 앞에 기꺼이 내려놓았다. 우리는 순교자의 무덤에서 예수님의 피를 되새기는 걸 호피 땅으로 가는 관문으로 삼는 게 옳다고 결론 내렸다.

나는 호피 마을로 들어가는 내내 순교자의 피, 예수님의 피의 자취를 따라 걸어가는 걸 묵상하며 울었다.

예기치 못한 하나님의 방식

호피 부족 단기선교는 엄청난 기적과 은혜의 시간이었다. 지속적인 하나님의 예비하심과 인도하심 가운데 압도되었다. 우리가 준비해온 것이 현지 상황과 맞지 않아서 모든 걸 새롭게 준비해야 했지만, 그 가운데 예기치 않은 방식의 인도하심을 보았다.

하나님께서는 우리가 준비해온 것을 다 내려놓기를 원하신다는 메시지를 모든 팀원에게 계속 주셨다. 우리는 청년부나 중고등부를 사역한 경험이 많았기에 그들을 대상으로 성경공부 준비를 했는데, 그곳에는 코흘리개 어린아이들뿐이었다. 학생들은 아직 방학이 아니어서 학교에 있었고, 어린아이들만이 마을을 배회하며 놀았다. 그래서 우리는 가져온 프로그램들을 내려놓고 현장에서 새로운 준비를 시작했다.

성경공부를 준비하며 자신감을 가진 팀원들은 첫날 실패를 맛보고 가슴을 쳤다. 하지만 다음날에는 그들을 통해 영접의 역사가 일어났다. 오히려 첫날 순탄하게 성경공부를 인도했던 팀원들은 다음날에는 어려움을 겪으며 무릎을 꿇고 기도해야만 했다.

나는 하나님께서 우리가 가진 걸 내려놓고 순전히 그분을 바라보기 원하심을 감지했다. 그래서 노방전도를 하면서도 영어를 잘하는 이들은 뒤에서 중보하게 하고, 미국에 온 지 얼마 안 되어 영어가 자신 없는 이들을 전면에 배치했다. 우리가 하나님의 역사하심을 신뢰하면 할수록 우리 앞에 기대하지 못했던 놀라운 일들이 펼쳐졌다.

다리 한쪽을 잃은 채, 사단의 음악을 하며 주술적인 문양을 팔아 돈을 버는 한 청년이 우리를 만나 예수님을 영접하고 기쁨의 눈물을 흘렸다. 아흔이 넘은 할머니가 예수님을 영접했고, 영어를 하지 못하는 형제자매들을 통해서도 아이들이 복음을 받아들였다. 마지막 예배 때 영접 설교를 마쳤을 때는 80명의 아이들 중 60여 명이 예수님을 자신의 구주로 영접하고 감격의 눈물을 흘렸다.

그런데 교사로 봉사한 자매 옆에서 2명이 울고 있었다. 한 아이는 예수님을 영접한 감격 때문에, 다른 한 아이는 두려움 때문이었다. 예수님을 영접하는 순간 자신의 과거의 모습이 바뀌어야 하고, 또 자기 부족을 지배하는 영으로부터 떠나야 함을 직감하고 예수님을 영접하지 못하겠다고 했다. 영접하고 싶지만 그럴 수 없는 자기 모습을 보며 괴로워 울었다. 천국과 지옥을 가르는 두 울음이었다.

단기선교팀이 처음 그 땅으로 출발할 때, 아무 계획 없이 하나님만 의존하며 갔기에 놀라운 인도하심을 체험할 수 있었다. 또한 하나님께서 당신의 영광을 그 땅 가운데 나타내기 위한 도구로 우리를 사용하셨다.

이듬해에 새로운 선교사가 그 땅에 들어가 사역하게 되었다. 첫 번째 단기선교는 장 선교사님의 빈자리를 채울 다른 사람이 오기 전에 징검다리 역할을 하는 것이었음을 알았다.

미지의 영역으로 가는 믿음

나는 몽골에 단기선교팀이 오면 그들이 준비한 것에 의지하지 않고 하나님의 음성을 들으며 사역하도록 권면한다. 서울의 한 대형교회는 단기선교를 철저히 준비하기로 유명하다. 선교를 떠나기 전에 여러 차례 답사팀을 보내 샅샅이 실태를 조사하고 준비한다. 만약 숙박 문제나 차량 문제가 준비한 것과 달리 어그러지면 무척 힘들어하며 선교사들을 다그친다.

준비를 열심히 하는 건 좋지만 현지 상황을 자신들이 원하고 준비한 방식대로만 맞추려는 건 몽골처럼 의외의 사건이 다반사인 환경에서는 어려움이 있다. 오히려 철저한 준비가 현지 선교사들을 지치고 힘들게 할 수 있다. 더 크게는 하나님이 일하실 기회를 차단하는 게 된다. 중요한 건 하나님은 결코 우리의 계획에 제약을 받으며 일하시는 분이 아니라는 사실이다.

2005년 여름, 어느 교회 단기선교팀에게서 많은 문의를 받았다. 지방에 전도를 나가면 숙박이나 식사는 어떻게 하냐고 물었다. 내 대답은 간단했다.

"저도 모릅니다. 하나님께 묻고 기도하세요. 저는 여러 차례 지방에 갔지만 묵을 곳을 미리 알고 가지 않았습니다. 현지 상황에서는 그렇게 하는 것도 어렵고요. 그저 하나님이 예비하시기를 기도합니다. 하지만 한 번도 잘 곳이 없어 노숙한 적이 없답니다. 여러분이 열심히 전도하고 사역하면 잠잘 곳은 생기게 마련입니다."

아마 준비하는 사람은 무척 당황하고 답답했을 것이다. 하지만 단기선교를 통해 하나님의 일하심을 보기 원한다면 준비 과정에서부터 그분을 인정하는 게 중요하다.

2004년 겨울에 한 단기선교팀이 왔을 때였다. 나는 그들과 함께 베르흐로 떠나기 전날 심한 감기에 걸려 몸져누웠다. 주일예배에도 간신히 참석했다.

'혹시 하나님께서 내가 베르흐에 가는 걸 막으시는가?'

나는 기도하면서 단기선교팀을 위한 하나님의 계획이 있으심을 느끼며 동행하지 않아야겠다고 생각했다. 그들이 나를 의지하는 부분을 제거하시려는 하나님의 조처라고 느꼈다.

내가 못 따라간다는 말에 그들이 당황했다. 혹 몇몇은 선교사가 무책임하다고 느꼈을지도 모른다. 팀을 인솔하는 목사님이 현지 상황을 전혀 모르는데 가서 무엇을 해야 하냐고 물었다. 내가 대답했다.

"아무것도 안 해도 되고, 그곳에서 하나님이 여러분을 통해 하시는 일을 보고 오면 됩니다. 아무것도 준비하지 말고 그냥 떠나세요. 익숙한 걸 끊어버릴 때, 하나님이 일하기 시작하십니다. 보이지 않는 길을 그분의 인도하심 따라 나아가는 게 선교의 시작입니다."

단기선교팀이 전보다 더 비장한 눈빛이 되었다. 결국 그 팀은 '준비 없이' 나간 노방전도에서 30여 명의 초청자 명단을 받아들고 왔다. 그리고 그중 절반이 주일예배 후 초청 시간에 복음을 받아들였다.

한국에서 온 단기선교팀을 맞으면서 많은 사람이 '준비 노이로제'에 걸려 있음을 본다. "준비가 안 돼서…", "준비를 더 해야 했는데…", 이 상황에서의 '준비'는 많은 경우에 프로그램을 말한다. 그때마다 나는 말한다.

"선교는 기도 가운데 하나님께 자신을 의탁하는 준비만 하면 됩니다."

그들이 무언가를 이곳에 부어주고 간다는 생각보다는 하나님이 부족한 자신들을 사용하여 어떻게 일하시는지를 보는 게 선교이다. 그래서 자신의 계획을 내려놓고 미지의 영역으로 믿음만 갖고 들어가는 훈련을 하지 않으면, 단기선교를 통해 얻는 게 제한된다.

믿음은 부익부 빈익빈 현상을 낳는다. 더 가진 사람이 더 갖는 것이다. 믿음으로 나아가는 사람이 더 큰 믿음을 누린다.

물론 선교사와 단기선교팀마다 각자의 색깔과 방식이 있다. 그러나 그런 것보다 우리가 사역 가운데 하나님을 인정하고, 그분이 나를 통해 일하실 수 있도록 내 것을 내려놓는 게 훨씬 더 중요하다. 그 내려놓음의 정도에 따라 하나님의 영광을 얼마나 볼 수 있을지 가늠할 수 있다. 내려놓음의 귀한 가치는 사역뿐 아니라 우리 인생에서도 마찬가지 아닐까.

CHAPTER 5

죄와 판단의 짐을
내려놓다

하나님의 눈으로 죄를 바라볼 때

하나님은 우리가 그분의 거룩함을 옷 입길 원하신다. 그리고 예수 그리스도의 장성한 분량까지 자라기를 소원하신다. 이런 하나님의 소망은 우리 마음대로 살고 싶은 충동과 부닥친다.

근대사회를 지나오며 인류는 '자유'와 '독립'을 지고의 가치로 숭상해왔다. 사단은 우리가 하나님으로부터 벗어날 때 자유로워진다고 우리를 속인다. 그러나 우리는 하나님께 구속될 때, 진정한 자유를 누린다. 죄로부터 자유로워지기 때문이다.

인류는 죄의 문제를 해결하지 않고는 결코 자유로울 수 없다. 행동의 영역만이 아닌 생각과 영의 영역에서도 죄에서 자유로워지려면 단호한 결단이 필요하다. 예수 그리스도의 십자가에 내 옛 자아를 못 박기로 결단해야 한다.

우리가 하나님과 가까워질수록 죄의 문제가 우리를 괴롭힌다. 사도 바울이 로마서 7장 19절에서 고백했듯이 원하는 선은 행하지 않고 원치 않는 악을 행하기 쉬운 우리의 죄인 된 속성과 정면으로 맞닥뜨리기 때문이다. 하나님의 거룩한 빛이 우리의 생각과 삶의 모습을 비추면 두렵고 괴롭다.

그래서 이스라엘 백성은 하나님께서 그들을 제사장 나라로 세우셨음에도 불구하고(출 19:6) 하나님께서 직접 말씀하시기를 원하지 않고, 모세가 대신 그분의 말씀을 들어 전해주기를 원했다(출 20:19). 또한 베드로는 갈릴리 호숫가에서 예수님의 물고기 기적을 보고서 죄인인 자신을 떠나달라고 고백했다(눅 5:8).

거룩한 하나님의 임재와 맞닥뜨리는 순간, 우리의 죄인 된 모습을 정면으로 마주한다. 우리가 하나님과 개인적인 관계를 갖지 못하는 이유는, 죄인 된 모습을 끊지 못하기 때문이다. 죄를 사랑하기 때문이다. 그러나 우리는 결코 죄와 하나님을 동시에 사랑할 수는 없다.

하나님과 교제하며 그분이 삶의 영역 중 어떤 부분을 말씀하기 시작하실 때, 우리는 방어적인 자세를 취한다. 삶의 어두운 부분에 하나님의 빛이 비춰지면 하나님으로부터 숨으려고 한다.

'하나님, 이 부분만큼은 건드리지 말아주세요.'

'하나님, 시간이 필요해요. 잠시 내버려 두세요.'

'하나님, 이 정도는 눈감아 주실 수 없나요?'

하지만 우리가 꼭 알아야 할 사실은, 하나님의 관심은 우리를 간섭하는 데 있지 않다는 것이다. 우리를 구원하고 온전케 하시려는 데 있다.

우리가 하나님보다 더 사랑하는 게 우상이다. 많은 경우, 나쁜 습관을 우상으로 갖고 있다. 죄가 주는 은밀한 달콤함이나 습관을 따라 사는 편리함을 하나님보다 더 사랑한다. 우리가 하나님의 눈으로 죄를 바라봐야만 죄를 이길 수 있다. 죄를 싫어하고 경멸하시는 그분의 눈으로 우리 삶과 생각 속에 덕지덕지 붙어 있는 죄를 바라볼 때, 이것들이 깨끗이 씻기기를 열망할 수 있다.

그리스도를 선택하면 세상과 충돌한다

내가 한국에서 대학에 다니던 1980년대 후반은 시국의 급박성, 사회와 민족에 대한 무거운 책임감 그리고 이념의 암울

한 굴레가 삶을 짓눌렀다. 주변의 친구와 선배들은 자유를 얻기 위해 '투쟁만이 살길'이라는 신념으로 데모 현장으로 나갔고, 그런 상황에서 기독 학생들은 기독교인임을 떳떳이 드러내지 못했다.

나 역시 교회에 다니면서 사회의 부당함에 박해 받고 고난 당하는 이웃에게 무관심한 게 떳떳하지 못하게 느껴졌다. 그래서 하나님을 믿는다는 걸 주변에 자랑스럽게 알리지 못했다.

그러나 내가 신앙을 부끄러워했던 더 근본적인 이유는 학내 주류 집단으로부터 분리되는 두려움이었다. 그토록 설교를 많이 듣고 성경공부를 했지만 당시 나는 성경의 진리가 세상의 주류로부터 오는 압력을 거스를 수 있음을 깊이 생각해보지 못했다.

대학에 입학하고 나서 술을 마시게 된 것도 같은 이유에서였다. 남들과 다른 길을 간다는 게 힘겨웠다. 세상을 거부하는 건 곧 패망과 실패로 이르는 길이라고 생각했다. 그것은 사단이 주는 두려움일 뿐임을 그때는 알지 못했다.

그렇게 하나님보다 세상을 의식하며 살던 나를 일깨운 사건이 있었다. 학과의 공식 술자리에서 평소 모습대로 남들이 권하는 소주를 몇 잔 마시고 유행가 한 곡을 흥얼거리면서 집에 돌아가는 길이었다. 문득 내 걸음걸이가 일정하지 않고, 다음날 주일학교 공과공부를 인도할 준비가 되어 있지 않다는 생각이 들었다. 아이들의 모습이 떠오르자 비틀거리는 내 모습이 부끄러웠고, 아이들을 피하고 싶었다. 죄책감이 나를 사로잡았다. 그때 내 안에서 음성이 들려왔다.

'너는 아이들 앞에 서는 것만 부끄럽니? 나는 매일 네 앞에 있었단다.'

그리고 보니 하나님 앞에서 내 행위를 부끄러워한 적이 한 번도 없었다. 그분의 눈을 의식하지 않고 살고 있음을 자각했다. 이전 대학 생활에서 내 행동 기준은 하나님이 아니라 세상 주류의 가치였다. 그러나 내가 그리스도를 선택한 순간, 세상과 충돌하기로 선택한 거라는 사실을 알았다. 세상에 한 발을 딛고 있는 상황에서는 하나님의 빛 안으로 들어갈 수 없다는 자명한 진리가 깨달아졌다.

분노나 미움을 촉발하는 마음

예수님이 정죄를 경계하시면서 판단하지 말라고 하신 이유는 판단 받는 사람을 보호하시기 위해서가 아니다. 판단하는 사람을 그 판단의 흉악한 결과로부터 보호하시기 위해서이다. 즉, 우리가 판단하지 말아야 하는 이유는 판단이 가져다주는 크나큰 영적 해악에서 자신을 보호하기 위해서다.

아무리 의로운 쪽에 서서 하는 판단이라도 판단하는 순간 마음에 상처가 생긴다. 그리고 마음이 딱딱해진다. 마음에 상처가 생기면 죄를 짓는 것은 상처 받는 쪽이다. 상처 준 사람은 대부분 상대의 마음에 걸림이 되었다는 사실조차 모르고 넘어간다. 마음에 생채기가 난 사람은 자신에게 상처를 준 사람을 계속 마음에 품는다. 이런 상황에서 악한 영은 대부분 분노나 미움으로 그 상처를 확대시킨다. 또 판단은 분노나 미움을 촉발하기 마련이다.

물론 의와 불의, 지혜와 무지를 분별하는 게 필요하다. 그러나 분별과 판단은 다르다. 분별은 영적인 지혜에서 오는 반면, 판단은 분노의 영과 미움의 영을 불러온다. 분별은 하나님의 사랑의 눈으로 상대방을 보는 거지만 판단은 내 의(義)의 기준으로 상대를 재는 것이다.

판단의 영에 지배를 받으면 잘못을 누군가에게 전가하되 책임은 지려 하지 않는다. 주위를 비난하지만 용서와 화해를 위한 노력은 하지 않는다. 판단의 영은 판단하는 사람의 영혼을 무디게 하며 주변 사람들과의 관계를 깨뜨린다.

내가 지속적으로 누군가를 판단하고 있다면 선악과를 먹은 아담과 하와의 후예로, 옛사람을 벗어버리지 못했음을 증명하는 것이다. 선악을 알게 하는 나무의 실과란 스스로가 선악을 판단하게 하는 실과라는 뜻이다. 인간이 선악과를 따 먹은 이유는 하나님의 기준이 아니라 스스로의 기준으로 살고 싶다는 욕구 때문이다. 즉 하나님이 판단의 주체가 아니라 내가 판단의 주체로 살겠다는 의지의 표현이다.

선교지에 와서 이 진리를 알기 전에 나도 누군가를 판단한 적이 있다. 많은 선교사의 부족하고 변화되어야 할 모습을 보며 속으로 힘들었다. 나는 선교사로 헌신하고 몽골에 온 그들을 하나님께서 얼마나 사랑하시는지, 그리고 하나님께서 그들이 변화될 걸 소망하고 계심을 미처 알지 못했다.

기도하는 가운데 하나님은 내 안에 탕자의 비유에 나오는 큰아들의 마음이 있음을 가르쳐주셨다. 큰아들이 자기 동생을 판단했던 것처럼 내 안에 그런 마음이 있었다. 주변 사역자들의 부족함과 더 성장해야 할 부분을 생각하다 보니 잘하는 부분은 칭찬하고 격려하지 못했다. 누군가가 자랑하는 말을 할 때 '그 정도가 칭찬할 만한 일일까'라고 생각한 적도 있다.

하나님은 그동안 내가 주위 사람을 판단했던 것을 리스트로 만들어 그 종이를 찢으라고 하셨다. 그대로 실천하자 하나님의 마음이 조금씩 내 안에 느껴지기 시작했다.

판단의 마음으로는 영혼을 만질 수 없다

신앙생활을 오래 한 사람들 중에 의외로 교회와 관련된 상처가 많고, 그로 인해 판단의 영에 붙들리는 경우도 많음을 보았다.

2004년 여름, 몽골에 온 한국 단기선교팀 중에 나를 기도와 물질로 섬기고 후원하는 한 권사님이 있었다. 당시 허리가 안 좋았는데, 내게 기도를 받으면 나을 거라는 확신이 있어 무리해서 단기선교를 왔다고 했다.

권사님과 허리를 놓고 기도하는데 앞이 캄캄하고 빛이 보이지 않는 느낌이었다. 나중에 다시 따로 조용히 기도하는 시간을 가졌다. 그때 나를 통해 하나님께서 책망의 말씀을 권사님에게 주셨다. 알고 보니 권사님이 출석하는 교회의 당회가 목회자를 내보내려는 문제로 분열이 되었고, 그 와중에 정치적 문제가 개입되어 몽골 단기선교팀 후원이 중단되는 사태가 생겼다. 그러면서 권사님이 담당 장로님들과 많은 논쟁을 했고, 그들에 대한 분노와 원망, 판단이 권사님 마음에 가득했다. 나는 권사님에게 말했다.

"하나님께서 권사님 안에 있는 판단하는 마음을 내려놓으라고 하십니다. 그 이유는 장로님들을 위해서가 아니라 권사님을 위해서입니다. 판단하는 마음으로 이곳에 와서는 영혼들을 만질 수 없습니다. 그리고 육체의 질병도 낫지 않을 것입니다."

권사님이 많이 울었다. 하나님께서 내려놓으라고 하시니까 내려놓을 수 있을 것 같지만 쉽지는 않고, 내려놓기 싫은 마음과 싸우는 과정이 기도 가운데 계속되었다. 권사님과 기도하면서 판단하는 마음의 뿌리가 우리의 마음에 얼마나 깊게 박혀있는지를 보았다.

그 후에도 단기선교팀 지체 중에서 몇 명의 아픈 이들을 위해 기도하는 시간을 가졌다. 대부분 아픔의 뿌리에 같은 교우에게서 받은 상처와 판단과 원망의 마음이 있었다. 판단하는 마음이 있으면 영적으로 순결할 수도, 건강할 수도 없다. 판단의 영에 사로잡히면 하나님도 판단하려 든다. 이해할 수 없는 일이 발생하면 우리는 묻곤 한다.

'하나님이 살아계시면 어떻게 내게 이런 일이 생길 수 있어? 하나님은 과연 선한 분이신가?'

하나님이 옳은 분인지 그른 분인지, 신뢰할 만한 분인지 아닌지를 우리 잣대로 판단하려 한다.

이삭을 바치라는 하나님의 명령이 주어졌을 때 아브라함은 하나님을 판단하지 않고 순종했다. 당시 사람을 죽여 제사하는 것은 메소포타미아 지역의 이방 종교의 풍속이었다. 인신제사는 하나님이 원하시지 않는 일이었다. 그러나 아브라함에게 이삭을 바치라는 계시가 왔을 때, 그는 하나님의 명령을 의심하거나 그분을 판단하는 자리에 서지 않고 오직 순종했다.

우리는 때로 자신도 판단하며 괴로워한다. 나를 판단하는 마음을 내려놓을 때, 평온을 되찾을 수 있다. 그리고 상대를 판단하는 마음도 쉽게 내려놓을 수 있다.

경쟁을 넘어 연합으로

판단하는 마음은 우리를 다른 사람과 비교하게 만든다. 이 부분은 신앙의 열심이 앞선다고 여겨지는 선교사도 어려움을 느끼는 부분이다. 선교지에서 선교사의 마음을 힘들게 하는 것 중 하나가 '경쟁심'이다.

한번은 몽골국제대학교에서 사역하는 목사님이 교회를 새로 개척한다며 통역과 찬양 인도자가 필요하다고 해서 이레교회에서 파견해주었다. 그 목사님이 매우 고마워하면서 이것은 드문 일이라고 말했다. 자신의 교단에서 교회를 맡은 선교사에게 아무리 부탁해도 통역자를 보내주지 않았다고 하면서.

우리는 자칫 다른 사람의 상황이나 사역을 보면서 부러워하거나 그로 인해 힘들어할 수 있다. 이는 각자를 하나님께서 최적의 상황에서 훈련시키시며, 또 그분이 우리의 처지에 깊은 관심이 있으시다는 사실을 망각할 때 발생한다.

내가 믿는 영적인 진리 중 하나는 연합을 통해서만 부흥의 길로 나아갈 수 있다는 거다. 나도 잠시 목회자로 파송 받고 안정된 후원을 확보하고 온 이들을 부러워했다. 그때 하나님 으로부터 오는 깨달음이 있었다.

'네게 안정이 더 필요하니, 아니면 내가 더 필요하니?'

내가 하나님으로부터 받은 게 너무 커서 그 어떤 걸로도 바꿀 수 없음을 확인했을 때, 그 부러움이 내 안에서 사라졌다.

선교사가 선교지에서 겪는 또 다른 갈등이 있다. 바로 지위 와 신분으로 서로를 판단하며 힘들어하는 일이다. 한 예로 교수로 사역하기 위해 온 어느 목사님을 '형제님'이라고 불렀다 고 노여워하거나 어느 목사님이 평신도 선교사를 '집사님'으로 불렀다가 신분을 구별하여 상하관계를 만들려 한다며 선교사 가 상처를 받는 경우가 있었다.

문제는 내 존재가 상대의 평가와 판단에 따라 결정된다는 생각에 있다. 이것이 서로를 판단하며 상처 받게 한다. 내 존재는 남들의 평가가 아니라 하나님이 나를 어떻게 보시는가에 달려 있음을 깊이 묵상함으로써만 우리는 서로 찌르기 쉬운 판단의 관계에서 자유로울 수 있다.

어떤 선교지에서는 기존 선교사들이 새로운 선교사가 들어올 때 경계한다. 혹여 자신의 사역 영역이 줄 걸 걱정한다. 반면, 후임 사역자가 잘되도록 최선을 다해 섬겨주는 사역자나 사역 단체에는 언제나 연합이 일어나고 사역의 열매가 맺히는 걸 본다.

연합할 수 있는 가장 좋은 방법은 상대가 더 잘되기를 빌어주고 축복해주는 것이다. 내가 진심으로 상대를 높여주면 사단이 우리 사역을 방해하기 위해 침투하려는 통로를 막을 수 있다.

"나는 당신을 섬기기 원합니다. 그리고 당신이 나보다 더 성장하고 당신의 사역이 내 사역보다 더 커지기를 바랍니다."

이렇게 고백하면 사역의 연합을 이룰 수 있다. 하나님께서 서로의 사역을 축복하시고 놀라운 사역의 길을 열어가시리라 믿는다.

CHAPTER 6

명예와 인정욕구를
내려놓다

양파 껍질 같은 마음속 욕구

가장 내려놓기 힘든 게 '인정받고자 하는 욕구'이다. 특히 나는 선교사와 교수로 사역하며 명예욕을 내려놓기가 쉽지 않았다. 마치 양파 껍질 같아서 계속 벗겨내도 다른 껍질이 발견되었다.

인정받고자 하는 건 사람의 중요한 본능이며 권리이다. 우리는 주변 사람들의 사랑과 관심을 받으며 성장한다. 그들의 긍정적인 말과 사랑의 표현, 위로와 권면, 진심 어린 칭찬이 우리 영혼과 정신을 살찌운다. 이는 우리가 온전한 인성을 이루는 데 꼭 필요한 요소이기도 하다. 하지만 우리가 사람들의 인정에 집착하면 그것이 삶의 우선순위가 되고 안정감과 존재감의 근거가 된다. 우상이 되는 것이다.

학문하는 그리스도인인 내게 고질적인 아킬레스건이 있다. 하버드대 졸업을 1년 앞두고 국제 중앙아시아학 콘퍼런스에 낼 논문을 준비하면서 비로소 깨달았다. 나는 논문 발표를 앞두고 불안에 떨었다.

'하나님을 믿는 사람으로서 왜 떨고 있을까? 무엇이 문제일까?'

단순히 믿음의 문제를 넘어서 내 안에 잠재된 무언가가 있다는 생각이 들었다. 나는 문제의 전모를 보기 위해 기도하기 시작했다. 내 마음 깊이 침잠해 있던 동기와 욕구의 밑바닥이 드러나면서 내 뿌리 깊은 욕구와 마주했다. 바로 최선의 모습만을 보이고 부족한 부분을 가리고픈 마음이었다.

결국 내가 떨었던 이유는 전문가들 앞에서 학계에 내 연구와 아이디어의 첫선을 보이면서 그들에게 좋은 인상을 심어주고 싶어서였다. 내 연구의 약점을 최대한 가리고 장점을 부각시키려다 보니 불안하고 떨리는 게 당연했다.

그동안 내가 학교에서 좋은 성적을 얻기 위해 애쓴 게 하나님나라만을 위한 게 아니었음을 깨달았다. 사실 나는 다른 사람이 나를 보는 시선과 세상의 평판에 늘 휘둘리고 있었다. 공부를 잘하고자 하는 열망 뒤에 외부로부터 좋은 평가와 인정을 받고픈 욕구가 있었다. 하나님의 영광을 위해 학문을 한다고 말하면서도 내가 영광을 받고 싶은 욕망이 있었다. 그 사실을 깨달은 순간, 나는 기도했다.

'하나님, 제 안의 고질적인 문제를 보았습니다. 이것이 제 안에서 자라기를 원치 않습니다. 이것을 내려놓고 싶습니다. 하지만 제 뜻대로 쉽게 해결되지 않을 것 같습니다. 아마 오래 싸워야 할지도 모릅니다. 이 싸움을 시작할 용기를 주세요.'

기도로 준비하고 나서야 나는 하나님의 도우심으로 콘퍼런스를 평안 가운데 마칠 수 있었다.

하나님은 일부러 우리의 약점을 드러내기 원하시는 분이 아니시다. 그러나 우리가 약점을 가리려고만 하면 오히려 명예욕이라는 올무에 걸려 하나님이 원하시는 모습으로 자라지 못한다. 약점까지 하나님 앞에 내려놓을 때, 하나님께서 그것을 가려주시고 그분의 영광으로 바꿔주신다. 우리의 약함은 하나님이 가려주셔야 제대로 가려진다.

삶의 현장에서 드리는 예배

나는 인정받고 싶은 마음을 하나님께 내려놓은 후, 본격적으로 졸업을 준비하기 시작했다. 부분적으로 작업하던 논문을 엮어 박사논문으로 체제를 잡아갔다. 그런데 논문 제출 기한을 4개월 정도 남긴 시점에서 3명의 논문 지도교수 중 1명이 갑자기 바뀌었다. 그가 내 논문을 처음 읽어보고는 흐름이 마음에 들지 않는다며 논리 위주가 아닌 시간 순서로 논문을 변경하는 '대수술'을 요구했다.

논문의 흐름을 바꾸는 건 시간이 많이 소요되었다. 그 교수는 6개월 정도 걸릴 거라고 예상하면서 내게 졸업을 늦춰야 하지 않겠냐고 물었다. 그는 내가 논문에 집중하는 시간을 더 가진 후에 졸업하는 게 바람직하다고 보았다.

하지만 나는 이미 하나님과 졸업에 대한 논의를 마친 상태였다. 졸업을 서두르고 싶은 개인적인 욕심은 없었지만, 당시 몽골 사역의 길이 이미 열리고 있었기에 그것이 내가 졸업할 시기임을 알리는 하나님의 징표라고 생각했다. 더 지체할 필요가 없었고, 나는 하나님이 원하시면 길을 열어주실 거라는 확신이 있어서 담대하게 대답했다.

"1개월만 주십시오. 최대한 고쳐보겠습니다. 바꾼 내용을 보고 졸업 여부를 다시 생각해주시면 좋겠습니다."

내 믿음의 고백이었다. 졸업을 결정하는 주체는 교수가 아닌 하나님이라는 확신에서 한 말이었다. 그 후 놀라운 일들이 일어났다. 외국어로 논문을 쓰는 작업은 많은 에너지가 필요해서 8시간 정도 책상에 앉아 집중하는 것도 힘들었다. 그랬던 내가 12시간씩 책상에 앉아 작업해도 지치지 않았다. 그리고 자려고 누웠을 때나 거리를 다닐 때도 논문의 틀이 머릿속에서 짜 맞춰지는 걸 경험했다. 한번은 꿈에서 논문의 단락들이 자리를 이동하며 논리적으로 정밀한 구성으로 맞춰지기도 했다.

그러던 어느 날, 도서관에서 컴퓨터 앞에 앉아 논문을 작성하는데 누군가 내 등 뒤에 있는 것 같은 느낌이 들었다. 하나님의 임재를 느낀 나는 노트북을 옆으로 비켜놓고 엎드렸다. 눈물이 하염없이 쏟아졌다. 내 죄인 된 모습에도 불구하고 하나님께서 내게 임하신 것에 감격이 솟았다. 그때 하나님께서 말씀하셨다.

'네가 이와 같이 학업의 현장에서 나의 임재를 경험하고 나를 인정하며 경배하는 게 네가 드릴 영적 예배란다.'

그때 내가 처한 현장에서 하나님이 원하시는 모습으로 그분이 내가 하는 일의 주인이심을 고백하고 인정하는 게 그분이 가장 기뻐하시는 예배임을 재확인했다. 만약 내 시간의 대부분을 쏟는 그 현장에 하나님께서 계시지 않는다면, 내 삶에 얼마나 큰 비극인가!

졸업장에 비할 수 없는 축복

한 달 후, 수정한 졸업논문을 교수에게 보여주자 그가 '놀라운 변화'라며 극찬했다. 하나님은 내가 그분과 약속한 시간에 졸업할 수 있도록 나를 이끌어가셨다.

2004년 6월, 하버드대 박사학위 수여식에서 코피 아난 당시 유엔 사무총장이 초청 강사로 초대되었다. 그 밖에도 세계적으로 뛰어난 학자, 문인, 기타 전문인들이 수여식 강단에 좌정했다. 유학을 막 결정했을 무렵, 나는 그들의 삶을 동경했다. 그들처럼 학문의 영역에서 존경 받는 자리에 오르는 게 공부의 동기 중 중요한 부분을 차지했다. 그러나 졸업식에서 그들을 실제로 보았을 때는 이상하게도 도전이 되지 않았다.

'만약 저들처럼 저 자리에 서기 위해 내 모든 에너지와 시간을 쏟았다면, 내가 저 자리에 섰을 때 얼마나 허무할까?'

나는 이 사실을 미리 깨달은 게 감사했다. 당시 한 친구는 10년 만에 졸업하는 기쁨에 눈물을 흘렸다. 그러나 나는 솔직히 졸업 자체가 기쁘지는 않았다.

'졸업장을 받기 위해 안간힘을 쓰며 유학 생활을 보냈다면,

지금 이 자리에서 얼마나 허무했을까?'

나는 졸업했다는 사실보다 유학 생활을 통해 하나님을 깊게 체험하며 그분과 교제할 수 있었던 게 너무나 기쁘고 감사했다.

우리의 모습을 직시하고 인정하는 건 영적 성장을 이루는 데 중요한 기초가 된다. 내 약하고 모난 부분, 내가 싫어하고 깊이 가려두었던 부분을 찾아 그것을 내 진짜 모습으로 인정하는 게 필요하다. 바로 예수님의 십자가가 필요한 모습이기에 우리는 그 모습으로 하나님 앞에 나가야 한다.

많은 한국인이 학력 콤플렉스로 괴로워하면서도 마치 아닌 것처럼 위장한다. 하지만 누군가가 자기 앞에서 학교 자랑을 하면 그에게 분노나 적의를 품는다.

한번은 내가 여름방학 중에 잠시 귀국해서 모 교회의 청년들과 작은 기도 모임을 가졌다. 기도 중에 하나님께서 모임 가운데 상처 난 마음을 만지기 원하심이 느껴졌다. 그래서 상처에 대한 짧은 메시지를 나누었더니, 한 자매가 학교에 관한 아픔을 토해냈다.

그 자매는 서울 소재 한 대학교에 다닌다고 했다. 그녀에게 친한 고교 친구가 있는데, 명문 여자 대학교에 다닌다고 했다.

그녀가 그 친구를 전도하고 싶어서 늘 친절하게 대하며 도와주려고 노력했는데, 어느 날 친구가 화를 내며 쏘아붙였다.

"왜 나한테 잘해주려고 하니? 내가 너보다 못한 게 없는데…. 나는 너보다 훨씬 더 좋은 대학에 다니잖아?"

그 자매는 충격을 받았다. 한 번도 자신이 다니는 대학을 다른 대학과 비교하며 다닌 적이 없었는데, 그날 이후 대학 순위에 신경이 쓰였다. 교회에서도 자기보다 좋은 대학에 다니는 친구들과는 어울리지 못했다.

나는 하나님께서 주신 말씀을 자매와 나누었다.

"하나님께서 '얘, 내가 너를 신뢰해서 네게 너희 대학의 사람들을 맡기려고 했는데, 너는 그곳에서 소명을 보지 못하는구나'라고 말씀하세요. 하나님이 원하시는 곳에 기쁨으로 서 있을 수는 없나요?"

내 말을 듣고 자매가 눈물을 흘렸다.

결핍에 초점을 맞추면

2005년 여름, 일본 코스타에서 이 자매의 이야기를 잠깐 나누었다. "나는 너보다 훨씬 더 좋은 대학에 다니잖아"라는 말을 전하는 대목에서 많은 학생이 "체", "흥", "허" 하고 비웃는 소리를 냈다. 그 반응을 보고 내가 한 가지를 지적했다.

"혹시 이 이야기를 듣고 마음으로 비웃는 사람이 있다면, 역시 학교 문제에서 자유롭지 못한 것입니다. 분노나 판단의 마음이 든다면 자신 안에 잃어버린 기회에 대한 상실감, 학력에서 오는 열등감이 있다는 사실을 알아야 합니다. 하나님 앞에 이 문제를 해결 받아야 합니다."

흔히 공부를 열심히 해서 좋은 대학에 가면 열등감의 문제를 극복할 수 있을 거라고 착각한다. 그러나 서울대에도 열등감에 사로잡혀 있는 학생이 널려 있다. 아마도 서울대 교수들조차 열등감에서 자유롭지 못할 것이다.

하버드대 학생들도 마찬가지이다. 나는 하버드에서 배우기도 하고 학부생들을 가르치기도 하면서 아무리 두뇌가 우수하고 자타가 공인하는 좋은 학교에 다녀도 열등감을 해결할수 없음을 보았다. 누구에게나 자기보다 다른 면에서 뛰어난 사람은 있고, 내 결핍에 초점을 맞추면 늘 부족함을 느끼며 힘들어하게 되기 때문이다.

하버드대의 입학 사정처에 해마다 많은 학생이 찾아와서 "왜 나 같은 학생을 받아줬나요?" 하고 항의한다고 한다. 왜 능력 없고 모자란 자기를 받아주어 마음고생을 하면서 학교에 다니게 하냐고 따진다는 거다. 그러면 입학 사정 담당관은 이렇게 대답해준다고 한다.

"4년 전에도 너 같은 아이들이 많이 찾아와서 항의했는데, 모두 잘 졸업하고 지금은 학교에 남아 있지 않단다."

이와 비슷한 실례를 졸업식에서 대학원 학장이 졸업생과 학부모 앞에서 축사하면서 고백했다.

"나도 여러분과 마찬가지로 하버드에서 수학하던 시절이 있었지요. 그때 내게는 두 가지 말 못 할 고민이자 두려움이 있었답니다. 한 가지는 박사과정에 처음 입학했을 때, 누군가가 뒤에서 내 등을 치면서 '너 지금 여기 있으면 안 돼. 행정적인 착오가 있었어'라고 말할지 모른다는 걱정이었지요.

다른 하나는 내가 졸업식장을 향해 걸어가고 있을 때, 혹시 행정 직원이 다가와 내 어깨에 손을 얹 으며 '이봐, 행정적인 실수라네. 그만 돌아가게'라고 말할지 모른다는 두려움이었어요."

이 말에 좌중은 폭소를 터뜨렸다. 동병상련이었을까? '과연 내가 이곳에 있을 자격이 있을까' 하는 질문에 시달리던 학생들이, 학장도 똑같은 고민을 했다는 이야기에 공감과 위안을 얻는 듯했다.

참된 쉼 누리기
나는 인정받고 싶은 욕구를 하나님께 내려놓고 나서, 많은 기독 청년의 아픔을 보고 그것을 다루어줄 수 있었다.

교회에 참 열심히 살려고 노력하는 한 자매가 있었다. 그녀는 쉬지 않고 일하려고 애썼다. 학과 조교 일, 프로젝트, 과다한 수업 등 많은 짐으로 버거워하면서도 일을 내려놓지 못하고, 거의 자신을 혹사하듯이 일을 붙잡고 있었다.

하루는 힘들어하는 자매를 불러 식사를 같이하며 하나님은 자매가 일을 많이 하는 걸 기뻐하시는 게 아니라 그분 안에서 쉼을 누리기를 원하신다고 나누었다. 우리가 하나님이 아닌 세상, 즉 교수와 동료, 가족의 인정을 추구할 때 우리에게는 참된 쉼이 없음도 말해주었다. 그리고 하나님 아버지는 육신의 아버지의 모습과 다르다고 하자 갑자기 자매가 울먹였다.

그 순간, 그녀는 자신이 왜 그렇게 누군가의 인정을 받기 위해 애쓰는지 그 뿌리를 알게 되었다. 그녀가 입시에 실패하여 2차 전형으로 대학에 들어갔을 때 봤던 아버지의 실망스러운 표정을 잊을 수 없었다. 다시는 아버지를 실망시켜서는 안 된다는 압박감이 이후 학교생활을 지배했다. 때로는 교수에 아버지의 모습이 겹쳐졌다. 그를 실망시키면 안 된다고 생각할수록 자신의 부족함이 눈에 띄었고, 그래서 늘 자신을 채찍질하며 지내왔다.

© 이요셉

우리 안에는 아주 작은 어린아이가 있다.
그 아이는 인정받고 싶어 울고 있다.
이 아이는 욕구가 채워지지 않을 때
우리 속사람을 힘들게 하고 괴롭힌다.
이 어린아이는 오직 하나님의 사랑과 인정을 통해서만
안정을 얻고 쉼을 누릴 수 있다.

그녀는 하나님을 믿었고 마음속에 신앙이 자라고 있었지만, 그때까지 학교라는 삶의 현장 속에서 평안이나 자유를 누릴 수 없었다. 그러나 다른 곳에서 인정을 받으려는 노력을 내려놓고 하나님을 향하면서부터 평안과 안식을 누리게 되었다.

우리 안에는 아주 작은 어린아이가 있다. 그 아이는 인정받고 싶어 울고 있다. 이 아이는 욕구가 채워지지 않을 때 우리 속사람을 힘들게 하고 괴롭힌다. 우리는 그 어린아이의 존재를 모른 채 그의 감정에 이끌려 살아간다. 그러나 이 어린아이는 오직 하나님의 사랑과 인정을 통해서만 안정을 얻고 쉼을 누릴 수 있다.

사단은 끊임없이 우리가 자신에게 없는 것에 집착하게 만든다. 그럴수록 우리는 받은 것을 기쁨으로 누릴 수 없다. 세상의 인정을 추구하는 만큼 세상에 붙들린다. 그만큼 하늘로부터 오는 자유를 놓친다.

깨지지 않으려는 향유 옥합

나는 미국에서 몽골로 오면서 많은 걸 내려놓았다고 생각했다. 하지만 여전히 붙들고 있는 게 있었다. 바로 인정받고 싶은 욕구였다. 이것은 내 자아에 밀착되어 있어 잘라내기가 너무 힘들 뿐 아니라, 숨어있어서 쉽게 드러나지도 않았다. 유학 기간에도 하나님의 다루심을 받았지만 여전히 내 안에 잔재가 있음을 깨달은 계기가 있었다.

어느 날 저녁, 교회에서 기도하는데 하나님께서 물으셨다.

'너, 마음이 상한 부분이 있구나. 왜지?'

생각해보니 그날 몽골국제대 학생들의 비자 문제로, 몽골 주재 한국 대사관에 신임 대사를 만나러 간 일이 떠올랐다. 내가 그 학교 교수라는 설명을 듣고 대사가 말했다.

"몽골에는 대학 총장, 부총장이라는 사람이 너무 많아서 알아보니 대학이 180여 개나 된다네요. 대학이라고 다 대학이 아니지요. 한국에서 지었다는 대학도 한국 대학처럼 생각해서는 안 되겠더군요."

내가 말했다.

"다른 대학은 잘 모르겠습니다만 제가 속한 몽골국제대학교에는 자격을 갖춘 교수님들이 많습니다. 카이스트와 같은 한국의 좋은 학교에 있다가 자리를 내려놓고 온 분들도 있고, 박사학위 소지자도 7명이나 됩니다. 저도 갈 곳이 없어서 이 학교에 온 게 아닙니다."

그 대사가 말했다.

"'잘생겼다', '공부 잘한다'라는 말은 다른 사람이 해줄 때 의미가 있지 자기가 할 이야기는 아니지요."

맞는 말이라고 생각해서 그 앞에선 함구했지만 왠지 마음에 스산한 바람이 일었다. 그런데 교회에 와서 기도하는 중에 내 마음에 생채기가 났다는 걸 성령께서 알게 하셨다. 나는 하나님께 씁쓸한 마음을 보이며 이해를 구했다.

'다 아시지요?'

하나님께서 말씀하셨다.

'네 모습에서 향유 옥합을 본다.'

그리고 바로 다음 말씀이 내 마음을 깊숙이 찔렀다.

'그런데 그 옥합이 예수의 발 앞에까지는 드려졌지만, 여전히 깨지지 않은 채로 남아 있으려 하는구나.'

이 말씀에서 깨지지 않은 내 자아를 보았다. 예수님의 발 앞까지는 갔지만 정작 깨져야 할 때 깨지지 않으려는 자존심과 사람에게 존중 받기를 바라는 마음이 있음을 깨달았다. 그것 때문에 다른 사람의 말에 상처를 받은 거였다. 속에서 깊은 흐느낌이 흘러나왔다. 나는 애통해하며 하나님 앞에 다짐했다.

'하나님, 제 안의 여전히 깨지지 않은 부분을 봅니다. 제 옥합을 깨기 원합니다.'

예수님의 발 앞에 드려졌어도 깨지지 않은 옥합은 향기를 발할 수 없다. 옥합이 깨져 안에 있는 향유가 다 흘러나와야만 예수님의 십자가를 기념할 수 있다.

정말 하버드 나왔수?

한번은 경기도의 한 교회에서 목사님과 장로님들이 몽골국
제대를 방문했다. 나는 우연히 지나가다가 그들을 소개받았
는데, 수업을 마치고 나오다가 그중 한 장로님과 마주쳤다.
그가 내게 물었다.

"정말 하버드 나왔수?"

"…예."

"근데 왜 이딴 대학에 있는지 모르겠네."

나는 '이딴 대학'이라는 말에 화가 나고 답답했다.

'아니, 장로님이라는 분이 헌신과 선교에 저토록 이해가 없
나?'

그런데 집에 돌아와 기도를 드리는데 그의 말이 다시 떠올
랐다. 하나님께서 내가 마음에 원망을 품고 그를 판단한 걸
가르쳐주셨다. 내가 왜 화가 났는지 본질적인 이유를 알게 하
셨다. 그것은 그의 문제가 아니었다. 내게 학교를 자랑스러워
하는 마음이 없었다.

나는 몽골에 와서 학교의 어려운 모습을 보면서 1개월 정도
힘든 적응 기간을 보냈다. 그래서 당시 같이 하버드대를 졸업
한 친구들이나 미국 교수님들에게 내가 이 학교에 있음을 군이
드러내려 하지 않았던 게 주님의 빛 가운데 드러났다. 그런 마

음이 있기에 다른 사람의 말에 마음이 상했다는 걸 알았다. 그때 하나님께서 말씀하셨다.

'나는 네가 어디에 속해 있는지로 너를 평가하지 않는다. 네가 내게 누구이며 어떤 모습으로 내 앞에 서 있는가가 중요하단다.'

우리가 어느 교회, 선교회, 학교, 기관, 부서에 어떤 지위로 있는지는 하나님의 관심사가 아니다. 그저 우리를 그분의 자녀로서 보실 뿐이다. 우리는 그분의 사랑 앞에 모든 걸 내려놓을 수 있다.

나는 많은 교수 사역자가 문화 차이 때문에 서로 이해하지 못하는 걸 보았다. 그런 상황에서 리더로 다른 사람을 섬기기 위해서는 묵묵히 아픔을 견디는 게 필요함을 깨달았다. 특히 선교사는 절대 다른 사람을 반격해서는 안 된다. 맞고 또 맞아도 견뎌야 그를 치는 자들의 마음이 변하고, 그들을 얻을 수 있다.

같은 학교의 왕충은 선교사는 하나님이 우리를 낮추고자 하실 때, 스스로 '적당히'가 아니라 '충분히' 낮추는 게 중요하다고 말했다. 나는 그의 말에 전적으로 공감한다. 그리고 오해를 푸는 가장 좋은 방법은 말을 많이 하는 게 아니라 하나님께서 그만 낮추라고 하실 때까지 인내하며 낮아지는 거라고 생각했다.

인정받고자 하는 욕구는 모든 사역자가 꼭 넘어야 할 산과 같은 문제이다. 예수님도 사역을 시작하시기 전, 광야에서 사단에게 시험을 받으셨다. 사단은 예수님에게 성전 높은 곳에서 뛰어내리라고 유혹했다. 성전 아래는 많은 사람이 오가고 있으며, 종교 지도자들도 있었을 것이다.

예수님이 만약 그곳에서 뛰어내리면서 천사들이 당신을 수종 들게 했다면, 모든 사람이 그분을 메시아로 인정했을 것이다. 단번에 세상 이목을 집중시키실 수 있었을 것이다. 그러나 예수님은 거부하셨다. 공생애 기간에도 군중을 모아 당신 편에 두시는 일에 관심이 없으셨다. 쉽게 갈 수 있는 길과 인기와 명예를 통해 이루는 사역이 십자가의 사역과 상치되는 걸 아셨기 때문이다.

세상의 인정을 추구하다 버림받은 이

사울이 다윗과 같이 쓰임 받지 못한 이유는 궁극적으로 사울의 관심이 사람들의 평판, 인정, 인기에 있었기 때문이다. 이는 사무엘상 15장에 나오는 사울의 불순종에 관한 기사를 보면 분명히 드러난다. 그는 하나님으로부터 아말렉을 쳐서 그들의 모든 소유를 남기지 말고 진멸하라는 명령을 받았지만, 그중 가장 좋은 짐승을 죽이지 않고 보존한다.

하나님께서 사울을 왕으로 세운 걸 후회하시는 그 순간, 그는 자신의 전쟁 공로를 기리는 기념비를 세운다. 사무엘의 질책에 직면했을 때 사울은 "내가 백성을 두려워하여 그들의 말을 청종하였음이니이다"(삼상 15:24)라고 고백한다. 이 말이 변명이든 실제이든 그는 자신의 왕위를 지탱해주는 기둥이 하나님이 아니라 자기 휘하 사람들의 인정과 추종이라고 믿었고, 믿는 대로 행했다.

그가 장로들과 백성의 인기를 추종하는 한 하나님께서는 그를 인정하실 수 없었다. 사울은 하나님께서 자신을 버리셨다는 사무엘의 선언을 듣고 사무엘에게 사정한다.

"내가 범죄하였을지라도 이제 청하옵나니 내 백성의 장로들 앞과 이스라엘 앞에서 나를 높이사 나와 함께 돌아가서 내가 당신의 하나님 여호와께 경배하게 하소서"(삼상 15:30).

하나님이 버리시는 순간에도 그의 관심은 백성 앞에서의 체면이었다. 하나님이 그를 버리실지라도 백성의 인기만은 버릴 수 없었다. 백성이 그를 왕으로 인정하면 왕 노릇을 계속할 수 있다고 생각했기 때문이다.

이 불순종의 사건 이후에도 사울은 여전히 자기가 왕이라고 생각했을지 모르지만, 하나님의 눈에 그는 더 이상 이스라엘의 지도자가 아니었다. 사울이 다윗을 미워하여 질투하고 죽이려고 한 이유도 다윗이 자신보다 백성으로부터 더 많은 인기를 얻고 있음을 받아들일 수 없었기 때문이다. 그를 통해 우리는 세상의 인정을 추구하는 삶이 영적 지도자를 어떻게 파괴하는지를 잘 볼 수 있다.

하나님은 우리 안에 있는 사울의 모습을 제거하시기 위해 고난을 허락하신다. 특히 영적 지도자들에게서 그런 모습을 제거하는 수술을 하시기 위해, 그들에게 다른 사람과의 관계에서 오는 시련과 아픔을 겪게 하시는 경우가 많다. 그럴 때 우리가 마음을 열고 주님의 메스를 받아들이지 않으면 우리의 내적 자아는 사울의 모습에서 한 발자국도 더 나아갈 수 없다.

단, 우리가 내려놓아야 할 인정받고 싶은 욕구가 하나님과 자신만이 아는 영역이라는 사실을 명심해야 한다. 우리 가운데 많은 이가 자신의 영적 지도자나 동료에게 사울과 같은 부분이 많다고 지적할지 모른다. 그러나 C. S. 루이스는 《순전한 기독교》에서 영적으로 가장 핵심적이고 궁극적인 악이 '교만'이라고 설명한다. 교만은 하나님과 전적으로 맞서는 마음 상태이며, 남들보다 우월하다고 여기는 데서 오는 즐거움이 사람을 교만하게 만든다고 지적한다. 따라서 우리는 다른 사람과의 비교의식을 버리고 하나님만 바라보아야 한다.

또한 우리의 영적 지도자를 판단하는 건 우리에게 위임된 책임과 권한을 넘어서는 위험한 일이기에 삼가고 조심해야 한다. 이는 하나님께서 다루실 영역이다. 우리가 관심을 가져야 할 부분은 종의 모습으로 낮아져 자기를 쳐서 복종시키신 그리스도의 모습과 본성이 우리 안에 얼마나 자라고 있는가이다.

아브라함이 이삭을 하나님께 드린 순종의 행위는 그의 자손으로 태어날 예수님이 결단하셔야 했던 철저한 내려놓음의 예표이다. 예수님은 십자가에 오르기로 결정하시면서 모든 걸 내려놓을 준비를 하셨다. 당신의 인격이 존중되는 걸 내려놓으셨고, 환호하던 사람들이 돌변해서 조롱하고 멸시하는 순간도 묵묵히 당하셨다. 바로 우리를 위해서였다.

십자가에서 예수님의 내려놓음은 우리의 승리와 구원의 문을 여는 열쇠가 되었다. 그래서 그분을 따른다는 건 내 것을 내려놓고 십자가의 길을 따르는 것이다. 예수님의 내려놓음을 통해 하나님께서 인류를 향한 구원의 문을 여셨듯이 우리의 내려놓음을 통해 다른 이들을 위한 복의 문을 여실 것이다.

CHAPTER 7

사역의 열매를
내려놓다

교회는 내려놓고, 십자가는 붙들고

보스턴을 떠나 새로운 장막터 몽골로 가기 전에 오병이어선
교회의 이용숙 회장님이 우리 부부에게 당부했다.

"실패해도 좋습니다. 교회 문을 닫아도 좋습니다. 그저 편
안한 마음으로 사역하십시오. 당신들은 이미 귀한 헌신을 했
고, 하나님께서 그것을 받으셨습니다. 그 이상 무엇이 더 필요
합니까?"

이 지혜로운 말씀이 큰 위안이 되었다. 덕분에 우리는 사역
보다는 하나님과의 관계가 핵심임을 다시 확인했다. 사역의
열매를 맺어야 한다는 부담 대신에 하나님께서 원하시는 모습

으로 서 있으려는 열망이 내 안을 채워야 하며, 그분의 사역은 내가 내려놓을 때 얻어지는 것임을 되새길 수 있었다.

사역자들은 열매를 보기 원한다. 하나님을 순전히 섬기기 원하지만 때로는 우리의 섬김이 어떤 결과로 나타나는지에 관심을 기울인다.

예를 들어, 목회자는 교인 수를 하나의 중요한 열매로 인식한다. 또 어떤 목회자는 교인들의 반응이나 성숙을 중요한 열매로 여긴다. 많은 사역자가 사역의 결과에 집착하여 그것이 가시적이지 않을 때 좌절하거나 공허함에 시달리기도 한다.

언제부터인가 나도 설교를 마친 후에 아내에게 설교가 좋았냐고 물었다. 하나님을 바라보고 설교하기보다는 교인들의 반응에 관심이 많았다. 그 사실을 깨닫고부터는 아내에게 묻지 않았다. 하나님을 바라보고 설교하려 했고 교인들을 바라보지 않았다. 그리고 설교 후에는 내가 설교했다는 사실을 빨리 잊으려고 했다.

결과에 초점을 맞추면 그에 매이게 되고, 하나님이 주시는 자유함이 사라짐을 느꼈기 때문이다. 사역의 결과는 하나님의 영역임을 인정해야 했다.

나는 교회 사역을 하면서도 '교회의 주인은 하나님'이라는 사실을 늘 묵상하려고 한다. 교회가 문을 닫을 수도 있다고 생각하면서 결과로부터 자유하려고 노력한다. 언제든지 하나님께서 교회를 내려놓으라고 하시면 따를 마음으로 사역하기에 십자가를 붙드는 설교를 할 수 있다. 실제로 십자가와 죄에 대한 설교를 몇 주간 계속했지만 예상과 달리 교인이 별로 줄지 않는 은혜를 경험하기도 했다.

하나님께서는 우리가 사역을 하나님처럼 섬기는 걸 경계하신다. 사역의 열매가 우리의 우상이 되어서는 안 되기 때문이다. 그분은 우리가 순전하기를 원하신다. 사역의 동기 가운데 자신을 드러내고자 하는 욕구가 섞이는 걸 원치 않으신다. 거룩하신 하나님은 무엇이 섞여 있는지를 정확히 보시고, 불순한 목적이 섞인 열매는 받지 않으신다.

홈페이지는 하나님 페이지

사역이 대외적으로 조금씩 확장되면서 내 안에도 내 것을 즐기는 마음이 있었는데 하나님께서 이것을 지적해주셨다.

어느 날 내 홈페이지가 해킹을 당해 열리지 않았다. 어떤 분은 이 일이 몽골 선교를 방해하는 사단의 계략이라고 했는데 나는 하나님께서 사단이 그런 일을 하도록 내버려 두시는 이유가 있을 거라고 생각했다. 그간의 경험으로 비추어볼 때, 이 일을 통해 내게 무언가를 말씀하고 계심을 직감할 수 있었다.

그전까지 안전했을 뿐 아니라 광고도 거의 뜨지 않을 정도로 잘 알려지지 않던 홈페이지가 갑자기 해킹을 당한 건 그분의 경고가 분명했다. 이 부분을 놓고 기도할 때 하나님께서는 내가 홈페이지로 내 영역을 구축하며 내 성을 쌓고 있었음을 일깨워 주셨다.

내 홈페이지가 '제3시'라는 사이트에 링크된 지 며칠 안 되어 일어난 사건이었다. 나는 김우현 감독이 운영하는 그 사이트에 내 홈페이지를 링크해달라고 부탁했다. 몽골에서 하나님이 일하시는 많은 내용을 주변에 알리는 게 필요하다고 느꼈기 때문이었다. 그러나 기도하는 가운데 홈페이지의 주인이 하나님이 아닌 나였다는 걸 깨달았다. 내 공명심이 슬그머니 끼어든 거였다.

내 것과 하나님의 것을 제대로 분별하고, 내 것으로 숨겨둔 걸 하나님께 돌려드리기 위해 참 많은 기도가 필요함을 느꼈다. 나는 새벽기도를 드리면서 홈페이지의 운명을 하나님께 맡겨드렸다. 지난 1년간 써온 수많은 사역 일기가 담겨 있었지만 그것이 내가 하나님의 깨끗한 그릇이 되는 걸 방해한다면 내려놓겠다고 기도했다.

그리고 나니 홈페이지에 있는 기록들이 내 삶과 사역에 그렇게 소중한 게 아니라는 생각이 들었다. 그보다는 그 기록이 온전히 하나님나라의 창고에 보관되어 있는지가 더 중요했다. 나는 이 사건을 두고 하나님께 감사했다. 내 숨은 야심으로부터 내가 깨끗게 되기를 원하신다는 건 나를 쓰기 원하심을 의미하기 때문이었다.

얼마 후에 홈페이지가 살아났고, 또 얼마 지나지 않아 규장 출판사로부터 집필 권유를 받았다(홈페이지가 살아나서 그 글들을 3부에 인용할 수 있었다). 나는 내 홈페이지를 관리해온 자매와 나를 돌아볼 기회를 주신 하나님께 감사했다. 무엇보다 홈페이지가 온전히 하나님께 드려지도록 더 깊은 결단의 기도를 하게 되어 감사했다. 하나님께서 내 홈페이지를 사용하시기 위해 내 마음을 점검하게 하신 것 같았다.

하나님께서 우리가 사역의 결과에 연연하지 않도록 하시는 이유는 그분이 영광을 독차지하시기 위해서가 아니다. 우리가 어떤 욕구에 묶여 하나님보다 사역에 더 큰 관심을 가지면 오히려 사역에 구속되며, 우리가 묶이는 그 지점에 사단이 올무를 걸 준비를 하고 있기 때문이다.

나는 교회 교인들이 변화되지 않고 늘 실족하는 문제를 안고 사는 모습을 보며 가슴이 아팠다. 그런데 곰곰이 생각해보니, 내가 그들의 반복되는 넘어짐과 변화 없어 보이는 허물을 보는 게 힘든 이유가 교회의 성장을 내 사역의 열매로 보고 있기 때문이었다. 아름다운 사역의 열매를 기뻐하고 자랑하고 싶은데 부족한 그들의 모습에 마음이 불편했다.

기도 가운데 하나님께서 목회는 그런 게 아니라고 가르쳐주셨다. 내가 이상적인 공동체를 추구하다 보면 기준에 맞지 않는 모습을 많이 보기 마련이다. 그러나 하나님께서는 교인들의 허물을 인정하고 품어주고 받아들여 주는 게 내게 원하시는 사역이라고 말씀하셨다. 내 마음 깊숙한 곳에서부터 통곡이 흘러나왔다. 영혼을 눈물로 적시는 울음이었다.

기도 후에 나는 교인들 앞에서 하나님께서 주신 깨달음을 나누었다. 그리고 그들의 있는 그대로의 모습을 인정하지 않으려 했던 내 잘못을 고백하고 진심으로 사과했다. 말하면서 눈물이 많이 나왔지만 마음에는 평안이 흘러넘쳤다. 사람을 변화시키는 건 하나님의 영역이지 내 사명이 아니다. 내 사명은 그저 부족한 모습을 부둥켜안고 함께 하나님을 바라보는 것이다.

성령의 검에 찔릴 때

하나님의 인도하심을 받는 사역자가 되기 위해서는 성령의 검 앞에 사역의 열매를 내 것으로 누리려는 욕구를 내려놓아야 한다. 우리가 성령으로부터 칼을 받아 우리의 거룩하지 못한 욕구들을 찌를 때, 하나님의 위로와 자유함이 임한다. 그 찔림을 외면하거나 거부하면 여전히 묶임에서 놓이지 못한다.

구약의 모든 위로의 말씀은 우리의 생각과 폐부를 깊이 찌르는 말씀과 함께 주어졌다. 마찬가지로 우리는 깊이 기도하는 가운데 어떤 생각이 임하면 그 생각이 거룩함의 칼과 안위의 손길, 이 두 가지와 함께 임함을 경험한다. 성령의 임재란 성령이 거룩함의 칼로 우리를 찔러 우리가 그로 인해 애통해할 때, 비로소 세상에서 경험하지 못하는 위로를 하늘로부터 받는 것이다.

그런데 우리는 찌르심은 원하지 않고 위로만을 원한다. 성경말씀 중에 그저 축복의 말씀을 담은 구절만을 늘 곁에 두고 위안을 얻으려 한다. 그러나 진정한 위로는 찔림과 상함과 더불어 임한다. 성령이 부어질 때, 우리는 그 거룩한 임재 앞에 세상과 내 욕구를 보며 변하지 않는 내 모습에 좌절하고 갈등한다. 그리고 그 갈등 속에서 십자가를 바라보고 걸어가려고 방향을 정할 때, 성령의 감동으로 깊은 위로와 평안을 선물로 받는다.

우리의 자아가 성령의 검에 찔려 부서질 때, 성령의 능력이 부어진다. 따라서 성령의 검에 찔린다는 건 감사할 일이다. 하나님께서 나를 기억하시고 나를 사용하시겠다는 의지를 표명하신 것이기 때문이다. 그분은 깨끗한 그릇을 쓰고 싶어 하신다. 우리는 자아가 깨어져야 온전히 하나님께 쓰임 받을 수 있음을 염두에 두어야 한다.

내려놓을수록
가득해지는 천국 노마드

PART 3

CHAPTER 1

내 길을 앞서가시는
여호와 이레

광야일기 2004년 6월 21일

은혜 가운데 몽골 파송예배를 마쳤다. 찬양을 준비할 때만 해도 울지 않고 예배를 마칠 것 같았다. 그런데 파송식 중 목사님의 기도 가운데 성령님이 내 간절한 소망과 하나님이 주신 은혜들을 기억나게 하셔서 또 울고 말았다. 꾹 참고 찬송을 마칠 수 있던 것도 은혜다. 그때 막 울어버렸으면 몇몇 교우들도 같이 울게 했을 테니까.

잘 마무리했다고 생각했는데 권사님들이 "이제 섭섭해서 어떡하나" 라며 글썽이시는 바람에 같이 울고 말았다. 은혜를 느끼면 우는 습관은 미국 유학 시절 케임브리지 연합장로교회에서부터 갖게 되었다. 울 수 있는 건 감사한 일이지만 불편하기도 하다. 다음 주에 마지막 예배를 드릴 때는 '나이스'하게 떠날 수 있으면 좋겠다.

눈물, 위로의 선물

유학 시절에 생긴 버릇이 하나 있다. 은혜를 받으면 곧잘 우는 거였다. 하나님께서 내 마음을 살짝 만지시기만 해도 울었다. 한번은 교회 회중 앞에 나가서 북한 난민 돕기에 관한 광고를 했다. 광고 중 북한 난민을 향한 우리의 마음을 이야기하다가 또 눈물이 흘렀다. 광고를 하다 말고 내가 흐느끼니 온 회중이 함께 울었다.

광고 후에 한 집사님이 내게 와서 물었다.

"광고하실 때 우시기에 저도 정신없이 울었어요. 그런데 광고 내용이 뭐였죠?"

나는 빵점짜리 광고를 했지만 하나님이 광고를 통해서도 우리를 만지심을 경험했다.

몽골에 들어갈 준비를 하면서 한국을 방문하여 여러 곳에서 은혜를 나누었다. 그때도 하나님께서 많은 눈물을 주셨다. 또 몽골에 도착해서 첫 두 달 동안은 예배드리면서 계속 울었다. 슬픔이 아니라 위로와 만지심의 눈물이었다.

나는 눈물이 보스턴에서뿐 아니라 한국과 몽골에서도 동일하게 주어지는 하나님의 선물임을 알았다. 광야를 거치는 사람들을 위로하기 위해 부어주시는 하나님의 눈물이었다.

몽골에서는 귀한 손님이 오면 비가 온다고 하는데, 우리가 공항에 내렸을 때와 교회에 처음 갔을 때 비가 내렸다. 하나님께서 우리의 몽골 도착을 기뻐하시는 것 같았다. 그리고 그분이 몽골 사람들을 얼마나 사랑하실까 생각하니 어느새 눈물이 또 흘렀다.

몽골 도착 후 첫 3개월은 새로운 사회와 문화 환경에 적응하느라 신나면서도 긴장되며 힘겨웠다. 이 시간에 하나님께서는 우리에게 필요한 것들을 섬세하게 준비하셨고, 계획하셨던 것들을 하나씩 열어 보이셨다.

몽골에 올 때, 미국에서 하나님이 주신 걸 다 두고 오겠다고 기도했다. 우리는 나그네로서 몽골에서 살기 원했다. 그리고 그 땅에서 필요한 것들을 하나님께서 예비하고 계실 걸 신뢰했다. 그래서 살림살이 중 큰 것 몇 가지만 팔아 이주 비용에 보태고, 나머지는 주변에 새로 정착한 가정에 나누었다.

감사하게도 하나님께서는 몽골에서 우리 가정의 안식처로 가재도구가 제법 갖추어진 집을 허락하셨다. 선교회에서 준비해준 1960년대쯤 지어진 허름한 러시아식 아파트였다.

월세를 내지 않아도 된다는 것만으로 우리는 너무 감사하고 행복했다. 이곳에서 우리는 유목민들을 사랑하는 마음으로 나그네의 삶을 살고 있다.

처음 몽골에 와서 아내와 나는 낯선 환경에 적응할 새도 없이 곧바로 사역을 시작했다. 그렇게 기진맥진한 시간을 보내는 중에 세련된 걸 막 좋아하기 시작한 동연이가 과연 몽골 생활을 즐길 수 있을지 조금 염려가 되었다.

그런데 어느 날 동연이가 욕조에 나와 함께 몸을 담그며 말했다.

"아빠, 몽골이 참 좋지요?"

"왜 좋은데?"

"이렇게 목욕통이 크잖아요!"

이 말이 우리 부부에게 깊은 위로가 되었다. 실은 덩그러니 욕조만 있고 시멘트로 주변을 두르지 않아서 커 보이는 것뿐인데 동연이는 좋다고 했다. 이후부터 우리는 아이의 눈으로 낯선 환경을 보기로 마음먹었다.

하나님이 인도하신 길을 따라

우리 부부가 몽골을 사역지로 결정하게 된 계기는 하나님께서 우리 사역을 몽골이라는 지점에서 연결하시고 그 길로 인도하셨기 때문이다. 우리가 몽골에서의 사역을 놓고 기도할 때, 아내가 몽골 영양개선연구소에서 소장으로 섬겨달라는 제안을 받았다. 몽골 영양개선연구소는 영양사 중심의 전문인 선교단체인 오병이어선교회에서 몽골 국립과학기술대학과 합작으로 대학 내에 세운 연구소였다.

나도 하나님께 몽골에 있는 학교 중에서 먼저 제안이 오는 곳에 가서 섬기겠다고 기도하고 있었는데, 마침 몽골국제대학교에서 교수로 와주면 좋겠다는 연락이 왔다.

이 학교는 한국 교회와 선교사가 중심이 되어 2002년 가을에 개교했다. 또한 몽골뿐 아니라 시베리아와 러시아, 중국 소수민족 그리고 중앙아시아 지역을 섬기기 위해 각 미전도 지역의 학생을 받아 영어로 교육하고 선교의 기틀을 다지고자 하는 비전 위에 세워졌다.

내가 몽골국제대 교수 자리를 수락했을 때, 오병이어선교회에서 개척한 이레교회의 사역도 맡아달라는 요청을 받았다. 선교회는 이레교회가 교단에 소속되기보다 독립적으로 있다가 몽골인 성도들에게 이양되면 그들의 의사에 따라 교단 가입 여부를 결정하기를 바랐다. 그러나 목회자 중에는 교단 소속이 없는 교회를 맡아 목회할 사람을 찾기 어려워 평신도 선교사들의 헌신으로 유지되어 왔다고 했다. 이전에 맡았던 선교사가 한국에 가게 되어 내게 요청한 거였다.

기도 중에 맡기로 결정은 했지만 교직과 목회라는 두 가지 사역을 감당하는 게 무척 벅찰 것 같았다. 더구나 나는 목회를 위한 준비가 되어 있지 않다고 생각했다. 적응 기간도 거치지 않고 언어 준비도 안 된 상황이었지만 하나님께 맡기고 감당하기로 결정했다.

시간이 흐르면서 나는 교회와 학교 사역을 병행함으로 오히려 건강한 사역을 할 수 있는 것에 감사했다. 영적 전쟁이 극심한 선교지 환경에서 학교 사역만 하면 영적으로 곤고하며 메마를 수 있는데, 교회 사역을 하면서 영적으로 채워지고 충만해져서 두 사역에 모두 힘을 얻을 수 있었기 때문이다.

하나님의 자녀는 누구나 선교사로 산다

나는 '어떻게 선교 훈련을 받았느냐'라는 질문을 많이 받았다. 선교 단체에 가입한 적도, 선교 훈련을 별도로 받은 적도 없었다. 그저 하나님께서 나를 쓰시기 원하시면 그에 맞게 준비시키실 거라고 생각했다. 그리고 하나님께 직접 훈련을 받고 싶었다.

실제로 하나님은 유학 생활을 통해 나를 훈련시키셨다. 내가 할 일은 그저 그분이 원하시는 곳에 원하시는 방식으로 서 있도록 내 영적 안테나를 민감하게 세우는 것뿐이었다.

나는 하나님의 자녀는 누구나 선교의 삶을 살아야 한다고 믿는다. 미국에 있든, 한국에 있든 아니면 제3세계에 있든 선교적 삶을 살아야 한다. 때로는 학교나 회사 또는 내 전공 영역과 관련된 모든 곳이 내 선교지가 된다.

그래서 나는 유학 시절에도 선교사로서 살려고 애썼다. 몽골의 삶도 그와 크게 다르지 않을 거라고 믿었다. 삶의 방식이나 순종의 모습은 사는 지역이 바뀐다고 하루아침에 바뀌지 않는다. 한국이나 미국에서 순종의 삶을 살지 않았는데 어느 날 파송을 받아 선교사가 되었다고 선교사로 살 수 있는 건 아닐 것이다.

나는 별도의 선교 훈련을 받을 여건이 안 되었지만(물론 여건이 되었다면 훈련을 받는 게 더 좋았을 수도 있다) 선교사로 사는 게 그다지 새로운 건 아니라고 생각했고, 또 실제 그렇다는 걸 경험으로 확인했다. 유학 기간에 훈련 받은 걸 선교지에서도 동일하게(물론 더 높은 단계에서) 실천하고 더욱 깊이 훈련하는 것임을 알았다.

선교사는 선교지에서 하나님을 지속적으로 만나며 그분의 성품을 더 깊이 알아가면서 진정한 선교사가 되는 법을 배워간다. 내가 선교지에서 배운 것 중 하나는 하나님의 일차적인 관심이 선교 대상자의 변화가 아니라 선교사 자신의 변화라는 거다.

선교사가 하나님 앞에 더 깨어지고 예수님의 인격의 분량으로 자라는 게 그가 해야 할 가장 큰 사역이며, 그가 변화되는 과정을 거쳐 선교지에서 하나님나라가 확장된다. 나는 이 사실을 알기까지 하나님이 허락하신 많은 눈물의 날을 지나야 했다. 선교지로 가기 위해 준비하는 시간도 유학 중에 하나님이 주셨던 훈련을 통해 단련된 것을 점검하는 기간이었다. 돌아보면 특히 미래와 재정 문제를 내려놓는 훈련을 통해 배운 걸 복습하는 때였다고 생각한다.

선교지로 가기 전, 케임브리지 연합장로교회에서 드린 예배 중에 들은 말씀이 내게 강한 도전으로 다가왔다.

"바울이 온 이태를 자기 셋집에 머물면서 자기에게 오는 사람을 다 영접하고 하나님의 나라를 전파하며 주 예수 그리스도에 관한 모든 것을 담대하게 거침없이 가르치더라"(행 28:30,31).

마치 미완성의 작문처럼 사도행전은 이 말씀과 함께 돌연 끝난다. 나는 이 말씀의 뒤는 각자가 써야 하며, 나의 몽골 선교 기록이 사도행전 29장이 될 거라는 확신이 들었다.

바울이 셋집에 유했다는 건 그가 로마에서 연금 상태에 있었음을 의미한다. 그는 세상의 자유를 누릴 기회를 포기하고 오직 예수 그리스도와 복음 전파를 위해 기꺼이 죄인의 신분으로 연금(軟禁) 생활을 했다. 나는 바울 같은 상태는 아니지만 '나그네'로서 그리고 '그리스도께 묶인 자'로서 몽골에 머물게 되었다.

"자기 셋집에 머물면서 자기에게 오는 사람을 다 영접하고 하나님의 나라를 전파"하는 일은 내가 보스턴에서 하던 일인데, 하나님께서는 몽골에서도 같은 일을 할 거라는 말씀을 주셨다.

보스턴의 오랜 훈련의 터를 옮길 때, 나는 그곳에서 함께하셨던 하나님의 은혜를 되새기면서 깊이 감사했고, 새로운 장막터 몽골에서도 동일한 은혜를 기대했다.

우리 가족 몽골 적응기

내 예민한 눈과 코도 몽골의 오래된 차의 엔진이 내뿜는 매연을 이길 정도가 되었고, 양고기 냄새에도 익숙해져 갔다. 예상 밖의 사건을 맞으면서도 여유롭게 대처할 수 있었다. 처음에 느꼈던 생활의 불편도 넉넉하게 받아낼 수 있게 되었다. 때로 우리의 불편을 최소화해주시는 하나님의 섬세한 배려가 느껴질 때 감격한다.

아이들의 적응 문제는 늘 하나님께 기도하던 문제였다. 몽골에서 아이들을 위해 준비된 걸 보면서 하나님이 얼마나 섬세하게 우리를 위해 준비하셨는지 알 수 있었다.

동연이가 한국 선교사 자녀를 위한 MK스쿨(Missionary Kids School)에 다니게 되었다. 사실 MK스쿨에 다섯 살 어린이반은 대기자가 5명이나 기다리고 있었는데 여섯 살 반은 비교적 명수도 적고 남자 어린이가 적은 편이어서 담임교사가 남자아이를 보내달라고 기도하고 있었다고 한다. 동연이는 여섯 살 반에서 잘 적응하며 영어 수업 시간에는 친구들의 부러움을 샀다. 특히 아이가 미국 학교에 다니느라 한국어를 어눌하게 했었는데, MK스쿨에서 존댓말도 배웠다.

또 동연이가 밥과 김치도 잘 먹어서 대견했다. 다만 아이가 자주 넘어지는 게 걱정스러웠다. 몽골 길에는 흙과 자갈이 많고 깨진 보도블록이 있어서 자꾸 발이 걸려 넘어졌다. 자기도 이상했는지 엄마를 보고 고개를 갸웃거리며 말했다.

"엄마, 동연이가 왜 자꾸 넘어지지?"

어떤 날은 길에서 길고 둥근 돌을 보더니 '공룡알'이라고 집에 들고 오기도 했다. 우리는 그런 아이 덕분에 즐겁게 더 빨리 몽골 생활에 적응했다.

몽골국제대 몇몇 교수들이 한국에 가면 이곳에서 밴 양고기 냄새 때문에 공항에서부터 사람들이 피한다고 했다. 나는 그 말을 듣고 수긍했다. 한번은 동연이가 어느 집에 가서 그 집 양고기와 치즈 냄새가 싫다고 말했다가 내게 꾸중을 들었다. 아이는 그다음 집에 가서는 손으로 코를 꽉 쥐고 싫은 내색은 하지 않았다.

"아빠, 이 냄새 아직 괜찮아요. 그런데 나무 타는 냄새도 나네요."

아이가 처음에는 어둡고 양고기 냄새가 배어 있는 게르 안에 들어가려 하지 않았다. 하지만 달래서 들어가게 했더니 그곳 아이들과 금세 친해져서 나중에는 떠나기를 아쉬워하며 "아빠, 다음에 또 와요, 꼭이요" 하고 내게 다짐을 받아냈다. 그런 아이를 보면서 내게도 몽골에서의 사역이 그렇게 떠나기 아쉬운 게 되지 않을까 생각해보았다.

누군가 지금의 우리 가족을 만난다면 우리에게도 양고기 냄새가 많이 날 것이다. 양고기 냄새가 밴 게르에도 여러 번 방문했고, 우리 집 아래층이 몽골 식당이라 종종 양고기 수프 냄새와 구운 고기 냄새가 올라온다. 우리 가족은 그 냄새에 너무 익숙해졌다. 요즘 동연이는 양고기 냄새가 나면 구수하다고 말할 정도다.

아마 예수님의 집 안에서도 양고기 냄새가 많이 났을 것이다. 양고기 먹는 문화 속에 사는 가난한 집에서 자라셨을 테니 말이다. 영화나 그림 속에서만 본 예수님의 형상에는 양고기 냄새가 나지 않지만 그분의 체취에 배어 있었을 것이다. 또 말구유에서 나셨으니 어려서부터 가축 냄새를 몸에 달고 사셨을지도 모른다. 남들은 이 냄새에 눈살을 찌푸릴지라도 예수님은 양고기 냄새를 기억하실 것이다. 그런 생각을 하다 보니 냄새까지도 예수님을 닮아간다는 자부심이 생겼다.

가난한 삶, 가난한 마음

하나님께서는 몽골에 오기 전까지는 가리셨던 부분을 하나씩 열어가셨다. 마치 커튼을 젖힐 때 무대 장식이 하나씩 나타나는 것처럼…. 평신도로서 이레교회를 맡아 설교하고 교인들과 삶을 나누면서 나는 가난한 마음이 왜 복이 있는지를 머리가 아닌 몸으로 배웠다.

내 몽골 생활의 중심에는 이레교회가 있다. 교회를 통해 아픔과 기쁨과 하나님의 사랑을 확인하곤 했다. 주일예배 중에 하나님께서 내게 아픔이 있는 교인에 대한 마음을 주셔서 참 많이 울었다. 예배 때마다 눈물이 흘렀다. 심방을 하면서 그들을 더 깊이 알아가며 기쁜 일도 많이 경험했다.

처음으로 전 교인 심방을 할 때였다. 게르에 바닥을 깔 여유가 없어서 흙바닥에서 사는 가정을 방문했다. 나는 그들의 삶의 현장을 접하면서 가난한 삶과 가난한 마음을 묵상했다.

그러면서 언더우드 선교사의 기도문이 생각났다. 조선에 들어왔는데도 조선인들의 마음이 보이지 않아 안타까웠다는 기도였다. 감사하게도 내게는 몽골인의 마음이 조금이나마 느껴졌다. 그들의 아픔이 내 마음에 스며들었다. 얼마 전에는 눈이 내리는 가운데 산동네로 심방을 갔다. 눈발이 날리는 장엄한 산기슭의 집들을 찾아다니다 보니 마치 한국의 달동네에서 성탄절에 '새벽 송'을 돌고 있는 것처럼 마음이 푸근했다.

한번은 어느 아파트 수위의 집을 심방했다. 그는 지하실의 비좁은 통로에 침대를 놓고 생활했다. 그 가족과 '축복송'을 부르고 나오는데 밖에서 기웃거리던 한 청년이 자신을 다른 아파트의 수위라고 소개하며 나와 함께 심방을 간 한 집사님을 붙잡고 물었다.

"저는 고아로 자랐어요. 아직 가족도 없고요. 밖에서 여러 분이 다 같이 노래하고 축복하는 걸 보는데, 너무 좋아 보여서 교회라는 곳에 가고 싶은 마음이 들었어요. 그런데 저 같은 고아도 교회에서 받아주나요?"

당시는 내가 현지 언어에 익숙하지 않아서 직접 그 이야기를 듣지는 못했다. 나중에 통역을 통해 전해 들으며 눈물이 났다. 그 청년의 외로움이 내 마음에 깊게 와닿았다.

© 이요셉

눈발이 날리는 장엄한 산기슭의 집들을
찾아다니다 보니 마치 한국의 달동네에서
성탄절에 '새벽 송'을 돌고 있는 것처럼 마음이 푸근했다.

나는 그 집사님에게 하나님께서는 고아를 특별히 더 사랑하시며 성경에는 하나님을 고아와 과부와 가난한 자의 하나님이라고 소개하기도 한다고 그에게 전해달라고 했다(그러나 그 청년은 주일에도 일을 해야 해서 교회에 나오지는 못했다. 얼마 후 그 아파트에 찾아갔으나 그는 보이지 않았다).

CHAPTER 2

하나님 한 분으로 만족할 때
그분이 찾아오신다

광야일기 2004년 10월 10일 아내의 글

앵크토야 아주머니는 우리 교회 청소와 관리를 맡고 있다. 지난 심방 때 게르를 방문해보니 나무를 깔지 않아 흙바닥에서 전기도 없이 촛불로 생활하고 있었다. 남편은 남의 집에 일 도와주러 간다고 나가서 며칠째 아무 소식이 없다고 했다.

그런데 새벽기도를 한 지 10일 만에 남편이 돌아오고, 1주일 후에는 오랫동안 잠적했던 동생도 나타났다. 두 사람이 바닥도 놓고 나무 침대도 짰다. 돈이 마련되어 전기도 연결하고, 교회의 임대 무선 전화 단말기를 관리하여 전화도 사용하게 되었다.

비슷한 일들이 새벽기도회에 참석하는 가정에 임했다. 새벽 추위를 무릎쓰고 40분 이상을 걸어서 나오는 이들의 기도를 어찌 하나님께서 듣지 않으시겠는가? 하나님께서 기도 가운데 바로 응답하셨다. 점차 하나둘씩 새벽기도에 나오는 인원이 늘어간다. 아울러 잠잠했던 가족의 핍박도 시작된다. 가정이 영적 전쟁터가 되는 일이 생긴다. 이 땅 가운데 1960년대 한국에 있었던 영적 전쟁의 치열함이 있다. 더 많은 교인이 새벽 제단을 계속 쌓으며 승리할 수 있도록 힘써 기도하는 일이 필요하겠다.

이레교회에 임하시는 하나님

이레교회에서 사역하면서 늘 성령의 강력한 임재를 소망해 왔다. 전에 미국의 어느 교회에서 성령의 임재로 강대상이 두 쪽 나고 목사님이 뒤로 넘어가는 사건이 있었다는 말을 들었다. 나는 설교 시간에 우리 교회도 그런 하나님의 강력한 임재를 교인들이 함께 경험할 수 있으면 좋겠다고 나누었다. 그리고 4,5개월 정도가 지나 아주 특별한 하나님의 역사하심이 임했다.

나는 특히 교회 청년들에게 관심이 많다. 그들을 통해 몽골과 전 세계에 이루어가실 하나님의 놀라운 일들을 기대한다. 그래서 이들을 인도하고 또 함께 섬기는 게 얼마나 중요하며 얼마나 큰 하나님의 축복인지 다시 한번 깨닫는다. 이레교회 청년들과 생활하면서 하나님 한 분만으로 만족하는 법을 더 깊이 체험한다. 그들에게 뜨거운 마음과 기도에 대한 열심이 생겼다.

그들은 내게 2주에 한 번씩 금요 철야를 교회에서 하게 해 달라고 부탁했다. 나는 자진해서 철야기도를 하겠다는 말을 듣고 기뻤다. 선교사인 나보다 낫다는 생각이 들어서 기특했다. 일단 승낙은 했지만 다음날 이른 활동 때문에 철야를 같이할 수 없을 것 같다고 말했다.

2005년 7월 29일은 비가 몹시 왔다. 가문 여름 때문에 선교사들이 몽골에 비를 달라고 몇 년째 기도하던 차였다. 금요예배를 마치고 보니 비가 퍼붓듯이 오고 천둥과 번개까지 쳤다. 비가 와서 집에 바로 돌아가지 못하는 사람들을 보니 안쓰러워서 집에 있는 빵을 가져다주었다. 나는 시간이 늦어질 것 같아 철야기도 모임에 참석하지 못할 거라고 말했다.

다음날 교회 청년들이 기쁜 얼굴로 우리 집에 와서 지난밤에 일어난 놀라운 일을 이야기했다. 그들은 내게 조금이라도 빨리 말하고 싶어 안달이 난 표정이었다.

강렬한 불기둥의 현장

철야기도는 토요일 새벽 1시부터 시작되었다. 청년들에게 도전 받은 어른들도 사무실에 모여 기도했고, 청년들은 본당 예배실에서 기도회를 가졌다고 한다. 기도회에 참석한 사람들은 주로 청년부 리더였다.

툭수가 기도회 전에 묵상하면서 여호수아서 3장 5절과 7절 말씀을 받았다. 성결케 하라는 말씀과 하나님께서 여호수아와 함께하시는 걸 이스라엘 백성에게 알리시겠다는 말씀이었다. 청년들은 회개 기도를 시작으로 하나님의 뜻이 이루어지도록 기도했다.

각자 기도하다가 새벽 2시경 큰 원을 이루어 함께 기도하던 청년들은 동시에 불기둥이 원 한가운데로 쏟아져 들어오는 걸 보았다. 감은 눈 사이로 강렬한 불기둥을 느꼈다.

툭수는 밖에 번개가 치고 있었기에 어두운 방에 번개가 내린 게 아닌가 생각했다. 어뜨거는 침낭을 뒤집어쓰고 있다가 갑자기 땀이 많이 나서 벗고 기도하고 있었는데 빛이 쏟아져 들어오기에 혹시 밖에 자동차 헤드라이트가 켜지면서 불빛이 창으로 들어오는 게 아닐까 생각했다. 뭉크는 기도하던 중에 천정에서 강한 스파크가 탁탁 일어나는 것을 느꼈는데, 혹시 그 빛이 바닥에 반사되는 게 아닐까 생각했다.

그들이 의아해하고 있을 때, 두 번째 강한 불기둥이 감은 두 눈에 확 비쳐 들어오자 하나님의 임재를 느끼고 더욱 뜨겁게 기도했다. 불을 경험한 청년들의 얼굴에는 형용할 수 없는 기쁨과 평안이 넘쳐흘렀다.

그들이 내게 이 일을 어떻게 이해해야 하는지 물었다. 나는 성령의 역사에 대해 자세히 설명해주었다. 일정에 초점을 맞추느라 기도회에 함께하지 못해 놀라움의 현장을 목격하는 기쁨을 놓친 게 아쉬웠다. 또 한편 하나님께서 이제 막 세우려고 하시는 일꾼들을 단독으로 만나기를 원하셨을지 모른다고 생각했다. 이 일은 단순히 일회적으로 끝나는 거라기보다 앞으로 계속될 하나님의 이적의 시작일 뿐이라는 예감도 들었다.

그 후 한 청년이 내게 와서 상담을 했다. 지난겨울에 "나를 따라오라 내가 너희를 사람을 낚는 어부가 되게 하리라"(마 4:19)라는 말씀을 받았는데, 성령께서 다시 한번 그 말씀을 기억나게 하셨다고 했다. 하나님께서 그에게 전도의 사명을 주시는 것 같았다.

나는 하나님께서는 멀리 있는 큰 그림을 먼저 보여주시되 계속 확인시키신다고 말했다. 또 비전을 이루는 때와 방법도 그분께 여쭈어야 하며 그때까지 기대하며 기다리는 시간이 필요하다고 덧붙였다.

북한을 품은 몽골 청년

몽골 대학생들은 대체로 공부를 안 한다. 얼마 전 뭉크가 전공 공부가 자신과 맞지 않아 무작정 학교에서 나오고 싶다고 말했다. 나는 그에게 주어진 일에 최선을 다하지 않거나 공부를 열심히 하지 않는 청년은 붙잡아다가 몽둥이로 때려서라도 정신 들게 할 필요가 있다고 강하게 말했다.

뭉크와 함께 그 말을 듣던 처거가 "선생님은 대학 다닐 때 얼마나 공부하셨어요?"라고 물었다. 처거를 비롯한 몇몇 청년은 내가 하는 대로 따라 하고 싶어 했다. 내가 하루에 4시간 이상 공부하지 않으면 안 된다고 말했더니 그의 표정이 비장해졌다.

단지 열심히 공부할 뿐 아니라 자기 비전을 확실히 가진 청년들도 눈에 띈다. 신앙을 가진 지 4년 된 '티'라는 청년이 있다. 그는 2005년에 신학교에 입학하여 공부하고 있다. 그는 북한 선교의 비전을 하나님으로부터 받았다고 말한다. 학부에서 한국어를 전공했는데, 그에 대해 묻자 하나님께서 자신에게 북한을 품을 수 있는 마음을 주셨다고 했다.

티에게는 많은 간증이 있다. 처음 예수님을 믿은 직후에 그는 어느 선교사로부터 겨자씨만 한 믿음으로도 산을 옮길 수 있다는 말씀을 듣고 마음에 새겼다. 한번은 그가 소 세 마리를 잃었다. 소들을 찾아 헤매었지만 찾지 못했다. 그는 기도 하면 하나님이 들어주실 거라는 믿음으로, 걱정하는 어머니에게 기도하면 하나님이 소를 찾아주실 거라고 말했다. 밤이 지나고 새벽이 되었을 때, 그의 확신대로 소들이 집을 찾아왔다.

티가 처음으로 옵스 지방 사역을 갔을 때였다. 어머니에게 사역비를 받아 들고 자전거를 타고 교회를 향하다가 그 돈으로 친구들과 술을 마시고 싶은 생각이 들었다고 한다(몽골 사람들은 돈이 들어오면 유혹을 쉽게 받아 다 써버려서 저축하기가 어려웠다).

그가 자전거를 돌려 친구들을 찾아가려는 순간, 갑자기 안장에서 굴러떨어졌다. 가까스로 정신을 차리고 보니 얼굴에서 피가 흘러내렸다. 그때서야 자기가 유혹을 받았음을 깨닫고 하나님께서 그가 정신을 차리도록 치셨음을 알았다.

2004년 봄, 몽골에서 오병이어선교회의 전인격적인 치유와 회복 훈련을 2개월 동안 가졌다. 그때 티도 참여하고 싶어 했다. 하지만 졸업반인데 2개월이나 학교에 나가지 못하면 졸업을 늦출 수밖에 없었다. 그는 편입생이어서 이미 학교에 2년이나 더 있었다. 졸업을 늦추는 게 가정적으로나 친구 관계로나 너무 어려웠지만, 그는 간절히 사모하는 마음으로 훈련을 택했다.

감사하게도 하나님의 인도하심으로 교수님의 마음이 바뀌어, 그는 공백에도 불구하고 제때 졸업할 수 있었다. 결국 티는 더 좋은 걸 택하면 두 가지 모두를 얻는다는 진리를 깨달았다. 이 훈련 과정을 통해 그는 자신의 숨은 죄, 과거로부터 이어진 악습을 자백하고 회개하며 울부짖는 시간을 가졌다. 그렇게 귀한 결단의 열매가 맺힌 이후에 본격적으로 신학 공부를 소망하기 시작했다. 나는 그를 보면 마음이 시원해진다. 그가 말씀을 간절히 사모하고 또 잃어버린 영혼을 위한 전도자로 세워지는 모습에 위로를 받는다.

찬양하다 울고, 심방 갔다 울고

사우가는 고아이며 소녀 가장이다. 어린 동생 넷을 둔 대학 2학년 학생이다(몽골의 교육제도는 10년제이기에 12년제인 다른 나라 학생보다 2년 먼저 대학에 간다). 어머니가 예수님을 믿고 몇 년 있다가 장암으로 세상을 떠난 후 사우가는 게르촌에서 가난하게 산다. 게르촌은 수도가 연결되어 있지 않아 물을 길어다 먹어야 하는 동네다.

사우가는 찬양 인도자와 주일학교 교사로 이레교회를 섬기는데, 특히 찬양을 인도하면서 많이 운다. 그런 그녀를 보며 교인들도 함께 운다.

2004년 겨울에 남서울은혜교회 청년들이 몽골 단기선교를 왔다. 그중에는 몽골에 선교를 가면 사람이 될 것 같다며 부모님이 돈을 대주어 온 청년들이 있었다. 그들 중 몇 명이 사우가 집에 심방을 갔다가 모두 울고 나왔다. 한 청년이 울먹이며 말했다.

"우리가 지금까지 살아온 방식으로 살면 안 될 것 같아요."

나는 그 이유를 알 것 같았다. 늘 부족하다고 느끼며 살았는데 사우가의 삶의 자리를 보며 놀란 것이다. 더구나 그녀의 전도와 찬양의 열정을 보며 감격했던 터라 그 삶터를 보면서 큰 충격을 받았을 것이다. 그들은 정말 가진 게 없기에 하나님을 더 굳게 잡게 되는 진리를 배웠을 것이다.

목양교회 청년들도 사우가의 집에 가보고 충격을 받았다. 나는 그 청년들에게 하루 남은 일정을 변경하여 사우가의 집을 고쳐주면 어떻겠느냐고 떠보았다. 그들이 다음날 테를지 국립공원에 가서 말 타기를 포기해야만 가능한 일이었다.

잠시 망설이던 청년들이 사우가를 돕겠다고 자원했다. 나는 집수리는 이레교회 청년들에게 맡길 테니 테를지에 다녀오라고 다시 말했다. 그들이 우선순위를 확인하도록 하고 싶었다. 그런데 청년들이 조금 전보다 더 확신에 찬 모습으로 집수리를 돕겠다고 했다.

© 이요셉

늘 부족하다고 느끼며 살았는데
사우가의 삶의 자리를 보며 놀란 것이다.
더구나 그녀의 전도와 찬양의 열정을 보며 감격했던 터라
그 삶터를 보면서 큰 충격을 받았을 것이다.

우리가 사우가에게 생필품을 전달하면 사우가의 할머니가 와서 빼앗곤 했다. 할머니도 늘 삶에서 부족을 느꼈기 때문이었다. 할머니는 끝내 예수님 믿기를 거부하고 세상을 떠났다. 나는 사우가 집에 찾아가 유감의 뜻을 전하며 한국에서 온 헌금을 모아 산 중국제 세탁기를 전해주었다.

그동안 그녀의 동생들이 씻지 못해 거무칙칙한 얼굴과 남루한 옷차림으로 다니는 걸 보면서 늘 안타까웠다. 또 초등학생 아이가 찬물에 옷을 행구는 걸 보며 일을 덜어주고 싶었다. 물론 사우가의 집에 수도가 나오지 않아 손수 물을 길어다 세탁기에 붓고 또 배수된 물을 버리는 수고를 해야 하지만 그래도 아이들의 일이 많이 덜어졌다. 아이들이 행복해하는 걸 보니 나도 기뻤다.

예전에 사우가의 외삼촌이 그녀를 성폭행하려고 몇 차례 시도해서 그녀가 겁에 질려 도망쳐 와 울었던 적이 있다. 하지만 몽골은 그런 일을 죄로 여기지 않는 풍토가 만연하다. 나는 그것도 모르고 사우가가 교회에 너무 늦게까지 남아 맴돈다고 야단쳤다. 집에 가는 게 무서워서인 줄도 모르고….

사실을 알고도 달리 도울 방법이 없어서 그저 기도할 뿐이었다. 그래도 얼마 전에는 외삼촌이 전도 받아서 교회에 나왔다(정기적으로 나오지는 못하지만…).

한번은 사우가가 어두운 표정으로 기도 중에 많이 울어서 상담을 했다. 알고 보니 어느 한국인 가정에서 아르바이트로 청소하고 빨래하는 일을 한다고 했다. 아마 교회에서 생활비를 보조해주는 걸로는 감당할 수 없는 것 같았다.

나는 그녀에게 학교 일, 교회 일 그리고 동생 돌보는 일 외에 다른 일을 하면 몸과 마음이 많이 지칠 테니 내려놓으라고 말했다. 그리고 부족한 부분은 함께 기도해서 채워가자고 했다.

얼마 전, 사우가는 평생 하나님을 섬기는 일을 하고 싶다고 고백했다. 그런 그녀가 찬양곡을 썼다. 하나님을 더 깊이 알고 더 진실히 경배하고 싶다는 내용이었다.

한번은 내가 한 가지 기도제목을 갖고 씨름하고 있었을 때였다. 사우가가 내게 와서 말했다.

"선생님, 하나님이 선생님을 얼마나 사랑하시는지 아세요?"

그때 나는 큰 위로를 받았다. 내가 몽골 사람들을 위로하기보다 그들이 나를 더 위로한다는 사실을 배웠다.

깨어진 자식들을 향한 마음

우리 팀의 베르흐 지방 사역 중에 기도로 눈과 귀가 고침 받았던 벌러르(1부에서 소 대신 예배를 택했던 자매)가 내게 따로 상담을 요청했다. 그녀는 얼마 전 강간을 당할 뻔했다고 한다. 다섯 살 때부터 몇 차례 강간을 당한 기억이 있는데, 이번 일로 그간의 기억이 살아나 마음이 너무 괴롭다고 했다. 그녀는 말하면서 많이 울었다.

더욱 심각한 건 그런 상황에서도 부모가 모른 척한다는 거였다. 술을 팔아서 생계를 유지하는 부모는 그들이 없을 때 술을 사러 오는 사람들에게 딸이 폭행을 당해도 딸을 보호하지 않는다고 했다. 이것은 몽골에서 흔한 일이다. 문화적 이유로 성적인 보호라는 개념 자체가 없는 사람이 너무 많다.

나는 그저 그녀와 같이 울면서 기도했다. 그리고 1,2주 정도 자매를 교회에서 보호하며 마음이 치유되도록 돕기로 했다. 아침 기도 시간에 하나님의 아픈 마음이 전해졌다. 기도 가운데 하나님께서 자식을 잃은 동물의 어미가 울부짖는 소리를 듣느냐고 물으셨다. 그 울부짖음처럼 이 백성의 상한 마음을 아파하신다는 마음을 주셨다.

나는 통곡하며 눈이 붉어지도록 울었다. '이것이 하나님 마음이구나' 하고 다시 한번 느꼈다. 사실은 몽골에 올 때, 나는 그저 하나님이 보내시는 곳에 서 있기를 소망하여 왔다. 하나님이 이 땅에 대한 마음을 부어주신 건 아니었다.

그런데 1년이 지나자 하나님께서 그들에 대한 마음을 전해

주셨다. 가슴 절절하게 사무치는 그분의 울음과 함께. 나는 이 땅 거민의 상처와 깨어짐 가운데 하나님의 상한 마음과 함께 울기를 원한다. 함께 울며 위로를 나누기 원한다.

이제야 하나님의 마음이 조금씩 이해된다. 깨어진 자식들을 향한 어미의 애통함이…. 그분과 함께 울 자를 찾으신다는 마음이 들었다. 내가 이 하나님의 울음을 이레교회 청년들과 나누며 누가 하나님의 울음에 동참할 것인지를 울면서 물었을 때, 많은 청년이 함께 울었다.

CHAPTER 3

버리고 낮춤으로
얻는 오묘한 섭리

광야일기 2004년 9월 22일

하나님께 감사 기도를 드리는 마음으로 이 글을 쓴다. 몽골국제대학교와 몽골학술원의 역사연구소가 공동으로 주최한 국제 역사 학술대회를 무사히 마쳤다. 보통 오십 대가 넘은 중견 역사학자가 맡아야 할 일이 내게 주어졌지만 순조롭게 그 일을 치를 수 있었다.

내가 급히 준비한 개회 연설을 외국 학자들이 깊이 공감했다는 이야기를 들었다. 몽골 TV 기자들과의 인터뷰가 뉴스에 나와서 여러 사람에게 인사를 받았다. 덕분에 학교도 선전이 되고, 학생들이 학교에 대한 자부심을 갖는 계기가 되었다. 또한 하나님께서 행사 진행의 부족한 부분을 가려주셨다.

이번 학술대회를 통해 몽골 학자들과 몇몇 외국 학자들과 교류하게
된 것도 큰 성과였다. 그리고 학교와 내가 맡은 연구소의 위상을 알
릴 수 있어서 감사했다.

내려놓는 순간, 하나님께서 사용하신다

나는 선교를 위해 내 학위와 전공 지식을 내려놓아야 한다
고 생각했고 몽골에 온 이후 모두 내려놓았다고 생각했다. 몽
골로 들어가기 직전에 선교를 위해서는 헌신하는 자세가 필요
하며, 그것이 내 전공 영역에서의 성장을 접어두는 거라고 생각
했다. 그런데 내가 몽골에 와서 알게 된 놀라운 사실은 내가
내려놓은 그 순간에 하나님께서 그것을 사용하기 시작하셨다
는 것이다. 내 전공이 몽골에서 선교하는 데 그다지 필요하지
않을 거라고 생각했는데, 하나님은 전혀 선교와 상관없어 보
이던 걸 통해 일하기 시작하셨다.

나는 몽골에 오자마자 그달에 열리는 국제학술대회를 몽골
학술원 역사연구소장과 함께 공동 진행했다. 이 학술대회는
나를 위해 미리 준비된 것 같았다. 나는 그저 있어야 할 자리
에 있었을 뿐인데 하나님께서 나를 사용하시며 높이셨다.

내가 나를 낮추려 할 때, 하나님이 내 발을 사슴의 발과 같
이 하셔서 높은 곳을 다니게 하심을 목도했다. 그분이 높이시

는 건 추락을 두려워할 필요가 없는 높이심이다.

하나님께서 학술대회를 통해 많은 생각을 주셨다. 학계의 판도와 연구소가 나아가야 할 방향 그리고 이곳 학자들을 내가 어떻게 도울지 더 큰 그림을 그려보게 되었다.

여러 가지 생각을 종합해보면서 내가 해야 할 일과 있어야 할 곳에 대해 한 가지 힌트를 얻었다. 그중 하나는 이 나라의 핵심부로 들어가 그들을 바꾸고 영향을 끼쳐야 이 나라에 소망이 있다는 것이다. 그것이 바로 몽골 교회들이 경제적으로 자립할 수 있도록 돕는 가장 효과적인 방법이라고 생각했다.

마침 이 나라 수상이나 정당의 당수와 몇몇 인사가 하버드대에서 일정 기간 수학한 경험이 있다는 데 착안했다. 하나님께서 이미 내게 주신 걸 이용해야겠다는 생각이 들었다. 내가 하버드대 동창 모임을 제안하면 그들이 좋아하며 모일 것 같았다. 앞으로 그들에게 선한 영향을 끼치며 하나님께서 내게 주실 비전을 함께 나누는 일을 추진해야겠다고 생각했다.

역사 전공을 통한 선교

학술대회를 통해 내가 이곳 역사학자들을 위해 할 일이 있음을 새롭게 깨달았다. 단순히 교회만 세우는 게 아니라 역사학자로 살면서 이들에게 긍정적인 그리스도의 영향력을 미치며 그들이 더 나은 것을 소망하고 이룰 수 있도록 돕는 걸 하나님께서 보여주셨다.

선교사로서 이 일을 할 때의 장점은 내가 이곳에 내 영역을 구축하지 않는다는 것이다. 그저 이들에게 복을 베풀되 열매를 맛보기를 바라지 않고, 이곳에서 쌓은 것을 이들에게 다 주고 떠나는 게 내 본분이다. 이곳 학자들과 학문적 성과와 업적을 두고 굳이 경쟁할 필요 없이 나누기만 하면 된다.

나는 몽골 학자들이 외국 학자들과 교류하면서 외국학계의 동향을 빨리 흡수할 수 있도록 학회나 세미나를 열 계획을 세웠다. 좋은 국제학회를 개최하고, 자금 지원이 가능하다면 몽골 학자들과 중앙아시아와 러시아 지역 답사를 하며 그곳 학자들을 연계시켜주는 일도 모색했다.

그리고 박물관을 유치하는 방안도 생각하기 시작했다. 현재 몽골의 국립 박물관은 조명이나 온도 및 습도 관리를 제대로 못 해서 유물 보존 능력이 없다. 박물관이 생기면 자신들이 평생 모은 자료를 무료로 기증하겠다는 고고학자나 민속학자가 많다. 그들이 믿고 사료를 맡길 박물관이 생겨서 학자들과 학생 및 일반인에게 도움이 되면 좋겠다는 바람이 생긴다.

역사 연구는 그 나라의 정신과 문화의 핵심을 다룬다. 몽골 학자들이 그들의 독창적인 관점을 가지고 역사를 연구함으로써 세계에 기여할 수 있도록 도와주어야 한다. 더욱이 러시아나 중국의 몽골사 연구는 민족주의적인 시각이 강해 자국에 유리한 쪽으로 역사 해석을 하는 경우가 많다. 몽골인들의 연구가 그런 편파성을 극복할 수 있기를 바란다.

이런 생각을 수업 시간에 잠시 학생들과 나눌 기회가 있었는데, 그때 한 학생이 나를 찾아와 종교가 뭐냐고 물었다. 나는 기독교인이고 하나님을 사랑하는 마음으로 그분의 부르심에 순종해서 몽골을 섬기기 위해 왔다고 대답했다. 그 학생이 웃으면서 몽골에 와주어서 감사하다고 말했다. 내가 학생들 그리고 학자들과 교류하는 과정을 통해 그들 사이에 하나님에 대한 이해가 더 깊어지기를 소망한다.

몽골 역사학계의 헬퍼

역사학자로서의 내 활동과 관련해 하나님이 예비하신 큰 사역이자 선물이 또 하나 있다. 하나님께서 이 일을 오래전부터 준비하고 계셨음을 알았다. 2006년에 몽골은 몽골 제국 성립 800주년을 맞는다. 또한 칭기즈칸 탄생 840주년이기도 하다.

국가적인 기념행사로 대통령과 수상이 모두 비상한 관심을 보이며 준비하는 여러 행사 중 가장 중요한 게 몽골학 국제학술대회이다. 몽골이나 중앙아시아 관련 분야를 전공하는 학자나 학생들에게는 특별한 의미가 있는 대회이다.

내가 선교사로 헌신하고 몽골에 와서 막 자리를 잡은 시점에 이 행사가 준비되기 시작했다. 그리고 내가 비라 선생과 함께 이 행사의 공동 진행자로 선정된 것도 모두 하나님의 계획이었다. 그렇게 되기까지 나는 그와 몇 사람을 만난 것밖에 한 게 없었다.

비라 선생은 몽골 역사학계의 대부로, 몽골 역사학자로는 외국에 가장 잘 알려진 사람이다. 대규모 국제학술대회를 주관하며 몽골 정부에서도 그를 학술대회의 주관자로 임명했다. 나는 그가 혼자 해온 기존의 몽골학 국제학술대회의 한계를 보았기에 몽골과학원의 몇몇 학자를 끌어들여 공동으로 학술대회를 개최하기로 했다.

이번 계기로 학술대회를 국제적 수준으로 끌어올리자는 생각이었다. 내가 가진 감각과 미국 학계와의 끈 그리고 한국에서 끌어올 수 있는 기금을 잘 활용하면 학술대회를 개최하는 데 큰 자산이 될 거라고 생각했다.

사실 비라 선생이 재정적으로 불투명하며 '파벌을 이끄는 독불장군'이라는 인식이 있어서 그와 몽골의 다른 역사학 원로들의 관계가 좋지 않은 상태였다. 그래서 외국인인 내가 이들이 함께할 장을 만들 중간 역할로 적합하다고 생각했다. 만약 그와 함께 학술대회를 개최하면 서로에게 좋은 기회가 되고 몽골학계를 위해서도 획기적인 계기가 될 거라고 보았다.

나는 기도하면서 그를 만났다.

"제가 몽골에 온 이유 중 하나가 몽골의 역사학계가 자기 목소리를 세계학계에 낼 수 있기를 바랐기 때문입니다. 또 저는 사명을 마치면 이곳을 떠날 것이기에 어떤 권리나 세력을 쌓을 이유도 없습니다. 그래서 당신들을 적극적으로 도울 생각입니다."

그가 좋아하면서 먼저 동역하자고 제시했다. 그렇게 내가 맡은 역사연구소와 비라 선생이 공동으로 2006년 국제학술대회를 주관하기로 합의했다. 비라 선생은 몽골국제대학교라는 틀 속에서 몽골과 중앙아시아의 학자가 교류하는 센터 설립을 위해 헌신할 준비가 되어 있다고 말했다.

그는 그동안 그 일을 위해 정부와 국립대학과 협력하고자 했지만 어려움을 재확인하는 결과밖에 없었다며 나와 일하기 원한다고 말했다. 실제로 학교도 국제적으로 알릴 수 있고, 외국 학자들이 관심을 가질 수 있는 가장 중요한 학술적 영역이 바로 몽골과 관련된 연구라고 생각한다.

앞으로 몽골 역사학자들을 지혜롭게 돕고, 학교 내에 역사연구소가 자리매김할 수 있도록 기도하고 있다.

CHAPTER 4

하나님 마음을 품을 때
보는 큰 그림

광야일기 2004년 12월 28일 아내의 글

오늘 몽골 월드비전을 방문했다. 캐나다 월드비전을 통해 연결된 솔롱거라는 영양팀장을 만나기 위해서였다. 그와 얘기한 결과, 지금 50명의 어린아이에게 '스프링클'(이유식에 뿌리는 비타민, 미네랄 가루)의 영향력을 테스트하는 프로젝트가 준비되고 있음을 알았다.

몽골 월드비전과는 2002년 인턴 생활로 인연을 맺었고, 박사논문을 준비하면서 그곳의 여러 데이터를 참고할 생각이었다. 그 후 여러 과정을 거치면서 논문의 방향을 개발도상국 어린이에게 부족하기 쉬운 몇몇 주요 미네랄과 비타민을 공급하는 '스프링클'이라는 영양보충제로 잡았다.

내 나름대로 스프링클의 효과를 보는 프로그램을 구성해서 논문예비 심사를 마친 상태였다. 그런데 스프링클에 관해 알아보고 이메일을 주고받는 동안, 몽골 월드비전에서 그 효과에 관한 연구를 계획하고 있음을 알게 되어 월드비전을 방문했다.

월드비전과 함께 연구를 진행하고 그를 바탕으로 박사논문을 쓸 수 있는지 상의를 해본 결과, 연구 디자인부터 시작해서 원하는 걸 다 할 수 있다는 얘기를 들었다. 캐나다에서 보낸 스프링클도 곧 도착할 예정이고, 몽골 정부의 영양센터와도 인력 지원에 대한 합의가 다 되어 있었다. 다만 한국과 미국에서 이 부분에 동의를 받는 일이 남았다. 세상에나, 모든 것이 다 준비가 되어 있다니! 돈, 분석 기계, 인력, 연구 지역, 어린아이들 등등….

이 모든 것 위에 마음 놓고 연구 디자인을 하고, 연구 진행을 돕고 관리하고 결과를 모아 분석해서 논문을 쓰면 되었다. 차를 타고 집으로 오는 길에 창문 밖 눈이 쌓인 울란바토르를 보며 하나님을 생각했다.

'하나님께서 정말 엄청난 선물을 준비하시고서 지금까지 말씀도 안 하시고 내가 기대감과 놀라움을 갖도록 하셨구나.'

겸손히 하나님의 신실하심과 예비하심에 무릎을 꿇는다. 그리고 부족한 나를 통해 이루고자 하시는 일에 그저 나를 비우고 드려야겠다고 생각한다. 내 약함과 부족함에 초점을 두어 주저앉기보다 내 작은 순종을 통해 더 큰일을 이루시는 하나님을 바라본다.

버릴 때 얻어지는 것

아내도 나와 마찬가지로 내려놓는 게 다시 찾는 길임을 깊이 확인했다. 아내는 졸업논문을 거의 포기한 상태로 몽골에 왔다. 그런데 하나님이 놀라운 방식으로 아내의 졸업논문을 위해 여러 가지를 예비하셨고, 또 그것을 그녀의 사역 일부로 사용하셨다.

아내가 순종하는 마음으로 몽골에 오기로 결정하기 전부터 하나님은 그녀를 위한 시나리오를 준비하셨을 것이다. 그리고 우리의 순종을 통해 몽골을 위한 그리고 우리 가정을 위한 계획을 하나씩 펼쳐가신다. 이런 기적은 순종을 통해서만 이루어진다.

지금 아내는 몽골영양개선연구소의 소장으로 바쁜 나날을 보낸다. 아울러 미래에 학교 급식을 시행할 수 있도록 학교 급식 모델이 될 학교를 선정해서 점심 급식 프로그램 실행을 준비하고 있다. 학교 급식과 관련된 법규 개정에도 긴밀히 관계해서 돕고, 몽골 결식아동의 영양과 체질 개선을 위한 중요한 프로젝트를 진행한다.

아내는 앞에 나서거나 총괄하는 일을 맡기 꺼리는 타입이다. 하나님은 조용하고 소극적인 그녀를 통해 많은 일을 하고 계신다. 아내가 이 일을 감당할 수 있는 이유는 자신의 약함을 인정하지만 오직 하나님을 신뢰하고 그분이 부르신 자리를 지키려는 믿음 때문이다. 일하시는 분은 하나님이시고, 자기는 그저 순종하며 이곳에 머무는 동안 쓰임 받고 있을 뿐임을 믿기에 연구소에서 일어나는 일의 중심에서 묵묵히 자기 일을 감당하고 있다.

밝혀지는 하나님의 큰 뜻

내가 처음 유학을 떠날 때, 하나님께서 내 전공을 중동사로 바꾸게 하셨다. 그때 나는 왜 바뀌어야 하는지 몰랐지만 순종했다. 논문을 쓰면서 그 이유를 좀 더 구체적으로 알았다.

먼저 학문적으로 나는 두 가지 지역과 문명을 공부하면서 서로 다른 문화적, 언어적 배경에 익숙하도록 훈련 받았다. 이 두 가지를 같이 전공한 사람이 적은 상황에서 내 이런 배경이 한 지역의 역사를 더 큰 틀에서 볼 수 있는 눈을 길러주었다.

특히 몽골 제국과 관련된 부분을 논문 주제로 다루면서 다양한 지역을 장악했던 몽골의 역사를 이해하기 위해서는 다양한 문화적 배경을 가진 민족이 어떻게 하나의 제국의 틀 속에 공존하며 서로 영향을 미쳤는지 투시할 수 있는 눈이 필요했다. 그래서 중국사와 중동사를 같이 공부한 내 독특한 전력이 큰 시각으로 논문을 구상할 수 있는 바탕이 되었다.

또한 선교적으로도 내 전공 분야가 중국에서 중앙아시아 그리고 중동으로, 다시 말해 동쪽에서 서쪽으로 바뀌는 게 왜 필요했는지가 점차 분명해졌다.

내 학부 졸업논문은 중국 서북 지역의 무슬림 반란에 관한 거였다. 이 지역의 무슬림이 왜 청조에 대항하여 반란을 일으켰으며, 그 경과가 어떠했는가를 살피는 거였다. 이 중국의 무슬림이 복음을 받아들이면 중앙아시아와 중동 지역의 이슬람권 사람들을 섬길 수 있는 선교 자원이 될 수 있다.

지난겨울, 잠시 북경에 체류할 때였다. 현재 이 지역에만 한국 선교사 100여 명이 나가 있다고 들었다. 그들이 필요로 하는 정보를 공급하고 역사적 시각을 정립해주는 게 필요해 보였다. 하나님이 이 일을 위해 십수 년 전부터 나를 인도해오셨음을 보고 그분의 예비하심을 느꼈다.

한국 교회는 '서진(西進) 선교', '이슬람권 선교', '백 투 예루살렘'(Back to Jerusalem) 등을 모토로 이슬람권에 관심을 보인다. 놀랍게도 내가 걸어온 학문적 길과 유사함을 본다. 하나님께서는 전공을 바꿀 당시에는 가르쳐주지 않으셨지만 몇 년이 지나 선교적으로도 전공을 바꾸는 게 왜 필요했는지 알려주고 계신다. 그리고 중앙아시아사와 중동사를 전공한 사람으로서 한국의 해당 지역 선교를 섬기기 위해 여러 가지 생각을 불어넣어 주신다.

하나님의 타이밍이 되면 자연스럽게 내가 섬길 부분이 더 구체적으로 드러날 것이다. 여러 가닥의 실이 모여 카펫을 짜듯이 나를 향한 하나님의 계획이 점점 구체적으로 무늬를 드러낸다.

나는 몽골에서 선교사들을 상대로 몽골 역사 강의나 선교 역사 강의를 할 기회가 여러 번 있었다. 몽골의 현지인 목회자를 대상으로 하루 동안 몽골 역사와 선교 역사 세미나를 하도록 관계자를 만나 계획을 세우고 있다. 나는 내 역사 전공이 선교와 맞물릴 수 있음을 본다.

이 일들 가운데 가만히 있어도 하나님께서 나를 관계자들과 연결하시고 일을 계획하심을 느낀다. 나는 그저 시간을 만들어 그들을 강의로 섬기면 된다. 나는 아무 계획도 세우지 않고 하나님의 인도하심을 받으며 움직이는 훈련을 받고 있다. 하나님이 내 시간의 매니저가 되셔서 내 삶을 이끌어주신다.

하나님이 준비하시는 서프라이즈 파티

우리 삶에 또 어떤 일이 벌어질지 모른다. 단 우리가 아는 한 가지 사실은 하나님이 우리의 계획보다 상상할 수 없을 정도로 멋진 일을 계획하고 계신다는 거다. 어마어마한 축제를 준비하고 우리를 기다리신다. 그리고 물으신다.

'내가 너도 진심으로 끼워주고 싶단다. 함께 가지 않을래?'

하나님은 그 축제가 무엇인지는 당장 말씀하지 않으신다. 언제나 서프라이즈 파티처럼 오직 믿음을 가진 자만이 그 축제를 조금이나마 상상할 수 있다.

지금 우리에게 주어진 일도 우리가 하는 게 아님을 안다. 우리가 파티에 참여하기로 결정하기만 하면 그분이 모든 준비된 걸 보이시며 직접 이루어가신다. 우리가 할 일은 함께 그 자리에 있으면서 하나님의 완벽한 은혜에 기뻐하고 감사하며 찬양하는 것뿐이다.

물론 오랜 헌신에도 불구하고 우리에게 주어지는 게 없을 수도 있다. 그 경우에도 하나님나라의 보상이 주어질 것이다. 하지만 대가를 바라는 헌신이 되어서는 곤란하다. 헌신을 통해 그리스도와의 합일을 경험하는 게 가장 큰 보상이다. 우리의 헌신 그 자체가 보상이다.

하나님은 그 축제가 무엇인지는 당장 말씀하지 않으신다.
언제나 서프라이즈 파티처럼 오직 믿음을 가진 자만이
그 축제를 조금이나마 상상할 수 있다.

© 이요셉

CHAPTER 5

하나님이 원하시는 땅에서
경험하는 신비

광야일기 2005년 12월 16일

우리 가족은 하나님 말씀을 전하기 위해 간 호주 코스타에서 덤으로 쉼을 얻었다. 어찌 보면 우리의 1년 반 가까운 몽골 사역을 반추해볼 시간이었다. 아울러 호주 코스타 10주년 기념 잔치와 함께 우리의 결혼 10주년을 조용히 기념하는 시기이기도 했다.

여름의 호주는 평화롭고 아름다웠다. 현재 영하 20-30도를 오가는 춥고 메마른 땅 몽골과는 비교할 수도 없을 만큼…. 내가 사는 곳은 높은 고도에 위치해 있어 산소가 부족하다. 분지에 수도가 위치한 탓에 밤에는 거리가 갈탄과 나무 타는 연기로 자욱하다. 눈물이 나서 걸어다니거나 창문을 열어놓기 힘들 정도다. 추위 때문에 아이들은 장시간을 집 안에 갇혀 지낸다.

호주의 여름밤 공기는 한겨울 몽골의 밤공기와는 극단적인 대비를 이루며 청아하고 훈훈하게 나를 감싸 안았다. 그런데도 우리 가족은 몽골에 두고 온 사랑하는 교회 식구들을 남몰래 그리워했다. 떠나기 전 툭수가 "언제 오세요? 선생님이 안 계시면 저희 마음이 힘들어요"라고 한 말이 귓가를 맴돈다. 그는 내가 특별히 하는 게 없어도 같이 있으면 마음이 위로를 받고 편하다고 했다.

우리는 열흘 남짓 호주에 있었는데 마치 한 달 정도 긴 시간을 머문 듯했다. 너무 아름답고 귀한 것들을 보면서도 떠난다고 생각하니 다시 기쁘고 도전되는 마음이 들었다.

공항에서 집을 향해 돌아오는 차 안에서 아내가 창밖의 초원을 보며 말했다.

"여보, 난 하나님이 가라고 하신 땅에 있는 게 행복해요. 몽골이 너무 좋아요. 더 깊고 넓게 몽골을 사랑하고 싶어요."

아내의 말대로 하나님이 보내신 땅에 있는 게 더없는 기쁨이요 축복이다. 우리가 어느 곳에 보내심을 받든지 그곳이 우리에게 더없는 축복이라는 사실을 다시 한번 되새겼다. 아내와 나는 도착 예배를 드리면서 확인했다. 몽골은 우리 집이 있는 곳임을….

기쁨과 평안이 있는 집

호주에서 몽골로 돌아온 뒤에 우리는 하나님이 보내신 곳에 있는 기쁨과 집에 돌아온 평안의 감격으로 하나님께 예배했다. 예배 중 말씀이 마침 사도행전 8장의 빌립의 에티오피아 내시 전도 장면이었다. 예루살렘에 있던 초대교회가 밖으로 흩어져 전도하려 하지 않자, 하나님께서 '핍박'이라는 수단을 통해 교회를 흩어놓으셨다. 그리고 흩어진 교인들을 통해 예수의 부활을 증거하게 하셨다.

물론 예루살렘에도 전도할 사람이 많았지만 하나님의 관심은 예수의 십자가와 부활에 대한 증언이 전 유대와 사마리아와 땅끝까지 확산되는 데 있었기 때문이다. 그 결과 빌립은 사마리아로 피해간다. 그곳에 도망가서도 성령의 이끌림을 받으며 전도하기 시작했고 그 땅에 성령의 역사가 나타나기 시작했다. 그런데 성령께서는 빌립을 광야로 이끌어 가신다.

당시 사마리아 땅에는 부흥이 일어나고 있고 많은 사람이 감격과 흥분 속에 있으며 빌립이 할 일이 그곳에 넘쳐나지만 그는 성령의 이끌림을 받아 사막으로 나아간다. 하나님이 예비하신 한 영혼을 만나기 위해…. 빌립이 성령의 인도에 순종함으로써 에티오피아 땅에도 복음의 소식이 전해진다.

빌립의 순종을 묵상하면서 우리도 성령이 이끄시는 곳으로 나아가고자 하는 열망으로 새로워졌다. 그렇다. 우리는 그 이유로 몽골 땅에 와 있다. 하나님이 예비하신 사역 장소에서 또다른 사역지로 우리를 옮기실 그때까지 주님을 예배할 것이다. 그분이 예비하신 곳에 서서 예배하는 것이 우리의 가장 큰 행복이다.

새로운 모델을 제시하는 책임

몽골국제대학교는 세워진 지 4년 남짓 되었다. 2006년 여름에 첫 졸업생이 나올 예정이다. 한국 교회의 후원으로 건물이 지어졌고, 교수 전원이 후원을 통해 파송된 선교사들이다. 학교 설립 초기부터 여러 유능한 박사 졸업생들이 헌신된 마음으로 와서 사역하고 있다.

건물도 지어지기 전에 첫 학생들을 받아 교수와 학생이 한데 어울려 고생하고 공부했다. 이 대학의 특징은 중앙아시아와 시베리아 등지, 현재 선교사 접근이 어려운 지역의 학생들이 전체 학생의 40퍼센트에 육박한다는 점이다. 따라서 교육의 수단이 되는 언어는 영어가 될 수밖에 없다.

얼마 전 몽골국제대학교가 방송에 나왔다. 학생들의 한국과 미국 방문이 중점적으로 다루어졌다. 학교 내부적으로는 아직 해결할 문제가 많지만 외부에서는 학교를 상당히 긍정적인 시각으로 보고 있어 전망이 밝다. 외국인이 가르치고 또 영어로 강의를 진행한다는 점 때문에 몽골의 교육 관계자들이 우리 학교를 몽골 대학 교육의 대안이자 중요한 모델로 바라본다. 또한 국립대학 교수들도 우리와 협력하고 싶어 한다.

더욱이 몽골 사회에 영어에 대한 관심이 급격히 커졌고, 몽골 정부도 영어를 제1외국어로 지정했다. 영어를 가르칠 인력이 몽골 사회에 부족한 시점에서 정부가 우리 학교에 거는 기대도 크다.

하지만 기대와 달리 학교 내적으로는 많은 부분에서 내실을 갖추지 못해 어렵다. 총장님도 그 부분을 인지하면서 학교의 특성화와 관련하여 학교가 지향하는 교육 방향과 체제를 전면적으로 재검토해야 할 필요가 있다고 본다. 현재는 한국식 대학 체제인데 미국식 또는 국제형 모델로 전환될 필요가 있다.

미국에서 교수 경험이 있는 사람이 학교에서 나뿐이다 보니 내가 대학의 새로운 모델을 제시하는 책임을 맡았다. 대학의 교육 틀과 관련된 방향을 결정하는 중요한 일이다. 또한 우리 대학이 앞으로 몽골의 다른 대학에 하나의 모델을 제시할 것으로 기대되는 상황에서 한 나라의 대학 교육의 방향을 결정하는 일이 될 수도 있다.

나 자신을 보면 내가 과연 그 일을 할 수 있을지 암담하다.

미국에서도 주로 학생으로 있었고, 강의하고 학생들을 관리한
경험은 2년밖에 되지 않아 행정은 자세히 알지 못한다. 시간적
으로도 내가 그 일을 감당할 수 있을지 아득할 따름이다.

이 일 가운데 하나님이 어떻게 말씀하시는지 들으며 움직이
기를 원한다. 두려운 마음이 들면서도 그분이 어떤 일을 이루
실지 기대가 생긴다.

캠퍼스에 번지는 은혜의 바람

어느 날 수업을 마치고 분필 가루가 채 가라앉지 않은 교실
을 나와 식사를 하러 가는데 몇몇 학생이 다가와서 말을 걸었
다. 그중 한 학생이 내게 왜 미국 땅을 버리고 이곳에 왔느냐
고 물었다. 갑작스럽게 받은 질문을 영어로 대답하려니 충분
히 설명하지 못했다. 하나님을 사랑하고 또 몽골 땅을 사랑해
서 올 수 있었다고 대답했지만, 그들에게 복음에 대한 깊은 이
야기를 할 수는 없었다.

이곳 법에 의하면 선생이 수업 시간에 종교에 대해 언급해
선 안 된다. 그러면 즉시 신고가 들어가 학교가 어려움을 겪는
다. 하지만 수업 시간 이외에는 얼마든지 개인의 신앙을 고백
할 수 있다. 이런 질문을 받았을 때 잘 설명할 수 있도록 준비
해야 할 필요를 느꼈다. 결국 그 과정을 통해 예수님을 이들에

게 전해야 한다고 생각했다. 수업 시간 외에 그들과 대화하게 될 때, 그 시간을 효과적으로 사용하는 방안을 위해 기도해야 겠다. 내 답변이 끝나자 학생들이 말했다.

"몽골에 와주셔서 정말 감사합니다."

이 말을 되씹으면서 내가 이들에게 어떤 의미로 다가갈지를 생각했다. 하나님께서 그 학생을 통해 내게 말씀하셨다고 생각했다. 참 예쁜 학생들이 많다. 나를 바라보는 그들의 눈에 생기가 있다. 이들에게 좋은 영향을 끼치고 이들이 복음에 눈 뜨게 하는 일을 하고 싶다.

어느 날은 영어 이름이 저스틴인 학생이 내 연구실로 통곡하며 들어왔다. 이 학생은 병원에 입원해 있던 중에 성령의 임재를 느꼈다고 했다. 3년간 복음을 들었지만 마음으로 거부해오다가 거부할 수 없는 성령의 임재 때문에 주님을 영접하고 입원실에서도 밤새 울었다고 했다.

그를 위해 어깨에 손을 얹고 기도하는데 울음이 1시간이 넘도록 그치지 않았다. 연구실을 찾은 사람마다 울음에 압도되는 감동의 순간이었다. 나는 교회 청년부 모임 때문에 일찍 나와야 했기에 그 울음이 언제까지 지속되었는지는 알 길이 없었다. 그 울음이 학교를 덮고 그 눈물이 학교를 다 적시기를 바랄 따름이었다.

저스틴의 통곡 이야기를 전해 들으면서 학교의 많은 사역자가 힘을 얻었다. 얼마 전 미주 여행 중 존 새나라는 학생이 예수님을 영접하고 눈물을 흘렸다. 변하기 싫어하던 3학년생 리더 그룹에 변화가 일어나고 있다.

2004년만 해도 학교의 분위기가 참 힘들었는데, 조금씩 은혜의 바람이 일기 시작한다. 나는 하나님께서 일하심을 보며, 겸허히 하나님의 뜻이 학교에 이루어지기를 간절히 기도할 뿐이다.

정직한 지도자 만들기

수업 시간에 한동안 학생들이 자율적으로 출석을 체크하도록 했다. 그런데 어느 날 문득 출석부에 체크된 숫자가 출석 인원보다 많은 것 같다는 생각이 들었다. 그래서 명단을 가지고 출석을 불렀다. 내 기습 공격에 오후 첫 번째 수업에서 4명, 두 번째 수업에서 2명의 대리 출석 건이 확인되었다.

나는 실망감을 수업 시간에 표현했다. 몽골에 정직한 지도자가 없어서 이 나라가 망하고 있다고 말했다. 최근 국회의원의 동생이라는 사람이 우리 교인의 형의 눈을 빼는 잔혹 행위를 하고도 체포되지 않았는데, 그 일을 예로 들어 앞으로 미래의 지도자가 될 이들의 부정행위가 얼마나 심각한 죄인지를 설명했다. 나는 정직하지 않은 사람은 가르치지 않을 거라고 선언하며 대리 출석을 해준 학생과 부탁한 학생은 나를 찾아오라고 했다.

처음에는 중벌을 주려고 했지만 내가 미리 경고하지 않았고 처벌 방안을 학생들과 협의하지 않았기에 학점에서만 일부 벌점을 주는 것으로 정했다. 그리고 찾아온 학생들에게 다시는 부정행위를 하지 않겠다는 다짐을 받았다. 한 학생이 내게 와서 울먹이며 말했다.

"저는 대리 출석하는 행위가 잘못이라는 생각을 한 적이 없었는데, 선생님이 수업 시간에 실망하는 모습을 보면서 제 자신에게 실망을 했습니다. 선생님의 설명을 듣고 제가 얼마나 잘못했는지 깨달았습니다. 다시는 선생님을 실망시키지 않겠습니다."

그 친구가 가고 나서 나도 한동안 울먹였다.

학생들이 부정직한 이유는 기성세대가 충분히 정직의 중요성을 가르치고 실천하지 않았기 때문이다. 다른 교수들과 우리가 무엇을 학생들에게 심어주어야 하는지를 더 깊이 나눌 필요가 있다.

학교에서도 교수들이 학생들의 시험 부정행위를 우려하는

목소리를 듣곤 한다. 기독교 정신으로 세워진 학교인 만큼 적어도 정직한 지도자를 양성하기 위해 영적인 싸움을 해야 한다고 생각한다.

몽골국제대학교 사역에서 중요한 것 중 하나는 몽골의 정직한 지도자를 키우는 것이다. 현재 믿을 만한 지도자가 없는 몽골 사회의 절망을 보기 때문이다. 현지인 교회 지도자도 정직이 훈련되지 않아 재정 관리에 실패하고 넘어지는 사례가 빈번하다.

몽골 제국 시기에 도둑질한 자는 사형에 처했다. 카르피니라는 신부가 몽골 제국을 여행하면서 사람들이 말채찍을 아무 데나 놓고 다녀도 몰래 집어가는 사람이 없었다고 보고했다. 나는 몽골에서 물질에 대한 부정직이 팽배한 것은 사회주의 체제의 유산과 더 관련이 깊다고 본다. 사회주의 체제에서 공공 자원을 주인이 없는 것으로 보고 자기가 필요할 때 몰래 가져다 쓰는 관행이 보편화되었기 때문이다.

결국 어떠한 체제와 교육 아래 있느냐에 따라 학생들은 달라진다. 몽골국제대학교 학생들에게 정직의 가치가 심기도록, 그래서 정직한 지도자로 성장해갈 수 있도록 기도가 절실하다.

몽골 복음화를 위해

다른 나라와 비교해볼 때, 몽골에는 많은 한국인 선교사가 와 있다. 선교사들이 너무 한 지역에 밀집되는 게 아닌가 하는 생각도 들지만 그럼에도 몽골은 여전히 관심과 기도가 필요한 영적 전쟁의 현장임을 절실히 느낀다.

몽골은 현재 약 1퍼센트의 복음화율을 기록하고 있다. 한 민족이 '복음화되었다'라고 말할 때, 그 기준을 전 인구의 2퍼센트로 잡기에 아직 갈 길이 멀다. 더욱이 교회가 수도에 집중되어 있어서 지방으로 나가면 거의 찾기가 어렵다. 이레교회에서는 현재 서북도 옵스 아이막(한국으로 말하면 강원도 산골)과 북부 셀렝게 아이막에 기도 처소를 개척하고 있지만, 여전히 이곳의 복음화를 방해하는 세력이 많다.

현지인을 훈련시켜 그곳에 보내고자 하지만 울란바토르에서의 생활을 버리고 지방에 가는 게 현지인에게조차 쉬운 일이 아님을 본다. 한 현지인 사역자는 옵스를 비롯한 서북도 지역에서 몇 달간 전기가 끊어져서 너무나 어려운 시간을 보냈다며 고충을 털어놨다. 지방의 유목민들에게 복음을 전하는 사역을 위해 더 많은 기도와 지원이 필요하다.

몽골에 사역자가 많은 이유는 몽골 정부가 다른 중앙아시아 지역 정부와 비교했을 때, 기독교에 대해 문을 닫지 않고 있기 때문이기도 하다. 따라서 몽골은 타 지역으로 복음의 문을 넓혀가기 위한 중요한 거점이 될 수 있다.

하지만 이 때문에 많은 이단이 들어와 번성하고 있다. 이미 이단 종파들이 기독교 사역보다 더 활발한 사역을 벌이며 지방 여러 도시에 거점을 확보했다. 이레교회에도 이단 종파에 다니다가 교회를 찾은 자매가 있다. 몽골의 많은 인구가 쉽게 이단에 몰리는 현상을 경계하며 기도할 필요를 느낀다. 앞으로 10년이 몽골의 복음화와 몽골이 중앙아시아의 복음화를 위한 교두보가 될지의 여부를 결정하는 중요한 시기가 되리라 생각한다.

몽골국제대의 사역은 현재 중앙아시아 지역의 프로젝트형 사역 모델이 되고 있다. 그러나 학교가 여러 위기를 맞을 때마다 사역자들은 우려한다. 학교가 위기를 넘기지 못하면 한국 교회가 몽골에서 하는 프로젝트 사역 전반을 몽골 정부가 불신할 수 있고, 이는 중앙아시아 프로젝트 사역 전반에 심각한 위축을 불러올 수도 있다. 하지만 계속되는 어려운 고비마다 이 학교를 향한 하나님의 계획이 더 분명하게 드러나고 있기에 사역자와 후원회 그리고 기도의 동역자들이 순종하고 그분의 뜻으로 나아가기 위해 기도해야 할 것이다.

기찻길 따라 세워지는 교회들

처음 몽골에 와서 지방에 교회를 개척하는 건 생각도 하지 못했다. 나는 교회 개척의 사명이 없다고 생각했다. 그저 교회에서 이미 개척한 옵스 아이막의 기도 처소를 돕거나 막 개척되기 시작한 베르흐 지역의 기도 처소가 바로 서도록 돕는 정도가 내가 할 일의 전부일지 모른다고 생각했다.

그러나 하나님께서는 내가 지방에 나가는 순간, 이 사람들을 위한 마음을 주셨다. 그리고 평소에는 나타나지 않는 영적인 은사들을 부어주시기 시작했다. 머리로만 알던 게 기도를 통해 현실로 나타났다. 하나님은 미국 유학생으로서 지성에 경도되었던 내게 영적인 세계의 비밀을 보이시며 내가 영적 전투의 치열한 전투 현장 가운데 있음을 보게 하셨다.

나는 사역비가 넉넉하지 못해서 차를 전세 내어 지방을 다닐 형편이 안 되었다. 교수로서 시간도 제약이 많다. 그런데 하나님께서 기찻길을 따라 전도하는 방법을 가르쳐주셨다. 그리고 잃어버린 자를 찾고 하나님이 남겨두신 그루터기를 재발견하는 것이 몽골 선교의 핵심임을 알려주셨다.

이레교회를 통해 기찻길을 따라 베르흐, 운느그트, 어르흐트 등 역을 중심으로 교회가 세워지고 있다. 기차로 오가면서 기차역마다 교회가 서는 비전을 그려본다. 우리 교회가 사람들을 훈련해서 역마다 교회를 개척해나가는 비전이다.

길을 따라 전도하는 것은 중요한 선교 전략이다. 성경에도 대로를 수축하라든가 주의 길을 평탄케 하라는 말씀이 나온다. 실제로 기독교는 로마 제국이 건설한 도로를 통해 전파되었다. 길을 따라 복음을 전파하는 것은 초기 교회 공동체가 우리에게 보여준 모범이다.

중앙아시아와 몽골의 모든 종교는 길을 따라 전파되었다. 길을 따라 전도하는 것은 적은 물자, 시간, 에너지로 사역 효과를 극대화하는 방법이다. 이레교회가 파송하는 훈련된 일꾼들을 통해 수많은 역을 거점으로 교회가 개척되는 비전이 나를 흥분시킨다.

몽골은 현재 추수기이다. 말씀을 전하면 80퍼센트가 복음을 받아들인다. 방해 없이 말씀을 전할 수 있다. 앞으로 경제 성장이 급속해지면 이 추세가 꺾이거나 다른 중앙아시아 지역처럼 기독교 전파에 적대적인 분위기가 형성될지도 모른다고 생각하니 마음이 급하다. 그 전에 열심히 노력해서 전도자들을 키운다면 복음화율 15퍼센트를 넘길 수 있지 않을까 하는 바람을 가져본다.

그런 기대와 비전을 품고 나는 오늘도 이레교회 청년들과 함께 기찻길을 따라 전도여행을 떠난다.

ⓒ 이요셉

기차로 오가면서 기차역마다 교회가 서는 비전을 그려본다.
우리 교회가 사람들을 훈련해서 역마다 교회를 개척해나가는 비전이다.
그런 기대와 비전을 품고 나는 오늘도 이레교회 청년들과 함께
기찻길을 따라 전도여행을 떠난다.

이 이야기의 미래를
하나님께 내려놓으며

김우현 감독의 '팔복' 영상팀이 몽골을 방문했다. 그들은 순교의 피가 흐르는 현장을 '부흥의 여정'이라는 제목으로 카메라에 담았다. '부흥의 씨앗'이라는 몽골편 다큐멘터리에는 당시 우리와 동행했던 사우가도 등장한다.

그 자매는 내가 섬기는 몽골 이레교회에서 찬양 인도를 맡고 있는데, 그 무렵 찬양을 작곡하기 시작했다. 이후 부흥찬양집회 때 그 다큐멘터리가 공개되어 많은 사람이 사우가의 삶과 신앙생활에 깊은 감동을 받았다.

특히 '다윗의 장막'의 워십리더인 스캇 브레너(Scott Brenner)는 사우가의 곡을 모아서 앨범을 만들어주겠다고 약속했다고 한다. 그 소식을 그녀에게 전하면서 작곡에 대해 물어보니 그간 세 곡 정도를 썼고 두 곡을 더 쓰고 있다고 했다.

그런데 얼마 전 사우가가 몸살을 심하게 앓아 목이 부어올라 1주일 이상 말을 하지 못했다. 그때 그녀는 성령님의 만지심을 경험했다. 그녀는 한국에서 앨범을 만들 수 있는 기회를 놓치고 싶지 않아서 열심히 곡을 썼다. 몽골에서는 한국에 가는 게 굉장한 기회이기 때문이다. 한국 드라마의 영향으로 한국은 축복의 땅으로 비쳐지곤 한다.

사우가도 한국을 막연히 동경하고 있었는데 찬양 앨범을 한국에서 낸다는 설렘으로 열심을 내다가 몸살이 난 거였다. 그 과정에서 자신은 성령님의 도우심 없이 작곡할 수 없음을 확인했다. 자신이 마음이 앞서서 곡을 만들려 했을 때 성령님이 그분의 인도하심에 맡기라고 하셨다고 한다. 그녀가 내게 부탁했다.

"그 분들에게 죄송하다고 전해주세요. 어쩌면 빨리 곡을 쓸 수 없을 것 같아요. 성령님이 인도하시지 않으면 할 수 없다는 걸 깨달았어요. 그분의 인도하심에 맡기고 싶어요."

사우가는 모든 기회를 잃는 상황이 오더라도 성령님보다 앞서지 않기로 마음먹었고, 나는 이 일로 하나님께 감사했다. 그녀가 자신의 성공보다 성령님의 인도하심을 더 귀히 여겨 그것을 택하기를 사모하는 모습을 보았기 때문이다.

나는 몽골 사람들이 나쁜 공기와 열악한 영양 상태 때문에 몸이 안 좋은 게 늘 마음이 아프다. 하지만 그들은 결핍 가운데서도 영적으로 자라간다. 사우가와 같은 이레교회 청년들을 통해 그들의 성장을 본다. 교인의 성장을 보는 것 이상으로 가슴 뿌듯한 일이 또 있을까. 하나님은 그들의 성장을 보며 얼마나 흐뭇해하실까!

측량 못 할 하나님 사랑에 대한 반응

이 글을 쓰기까지 적잖은 용기가 필요했다. 물론 그전부터 코스타에서 내가 증거하는 말씀을 듣고 학생들이 은혜를 받는 모습을 보면서 더 많은 기독인에게 내가 경험한 하나님을 나누고 싶은 마음은 있었다. 하지만 그것은 먼 훗날, 지금보다 내 삶이 하나님 보시기에 더 온전한 모습이 될 때의 일이라고 생각했다.

그러던 중 2005년 추석에 김우현 감독과 규장의 여진구 대표, 갓피플의 조한상 이사 등이 단체로 몽골을 방문했다. 그전에 일본과 북경에서 열린 코스타에서 그들을 만났을 때, 몽골이 전도의 열매가 맺히는 추수기인 것과 하나님께서 강하게 일하신다는 걸 나누었다. 그런데 그들이 몽골의 선교 현장과 성령님의 역사를 직접 보고 싶다면서 찾아왔다.

나는 그 일행과 순교자의 흔적을 찾아보기 위해 다르항 북쪽으로 갔다. 눈이 많이 쌓인 고속도로를 달리는 차 안에서 규장의 여 대표가 내게 책을 쓸 것을 권유했다. 하지만 나는 정중히 사양했다. 그 며칠 전, 사역의 열매들을 마음속에서 즐기고 자랑하던 것에 대해 하나님께로부터 지적받았기 때문이었다.

내 안에 숨어 있는 드러나고 싶은 욕구를 하나님이 만지시는 과정 중에 있다고 느꼈기에 이 부분에 모험하고 싶지 않았다.

그래서 여 대표에게 말했다.

"책 쓰고 나서 망가지고 싶지 않습니다."

그런데 여 대표의 대답이 뜻밖이었다.

"겨우 책 한 권 쓰고 나서 망가질 인생이라면 일찍 망가지는 게 낫지요."

그러면서 한국의 기독인들에게 '내려놓음'을 삶으로 보이는 메시지가 있으면 좋겠다고 했다. 그 진지한 말에 내 사역의 영역 확장을 두고 늘 제동을 걸며 내가 무리하게 나서지 않도록 견제 세력이 되어주던 아내가 설득되었다. 나도 내가 책에 대해 너무 강박적으로 느끼고 있는지 모른다는 생각이 들었다.

나 같은 무명의 초년병 선교사에게 책을 내는 기회가 예상치 못하게 너무 일찍 찾아왔다. 책을 쓰고 나서 내 사역의 영역이 어떻게 변화될지 지금은 알 수 없지만 그것은 하나님께 맡길 부분이라는 생각이 들었다.

기도로 준비하며 내가 만나고 경험한 하나님의 섬세한 인도하심 그리고 내려놓는 삶의 여정을 나누기로 마음먹으니 머릿속에 날아다니던 생각들이 하나의 틀 안에서 정리가 되었다.

이 책은 하나님이 내게 주신 측량할 수 없는 사랑과 관심에 대한 반응이다. 하나님과의 교제 없이는 나올 수 없는 글이기에 그분이 이 책의 주인이심을 고백한다.

내려놓음의 열매는 오직 하나님의 것

이 자리를 빌려 빚진 분들에게 감사의 마음을 전하고 싶다. 먼저 하나님과 함께한 모험의 현장에 늘 같이 있었던 아내 최주현 선교사에게 감사한다. 하나님께서 일하시는 걸 목도하고 같이 기뻐해준 그녀에게 더할 수 없는 감사와 존경을 표하고 싶다. 그녀는 내가 이 책을 쓰는 내내 나를 격려하며 용기를 주었다.

아들 동연이와 딸 서연이에 대한 감사도 빼놓을 수 없겠다. 이 책에는 두 아이의 이야기가 많이 등장한다. 하나님께서 내게 주신 축복의 선물인 아이들 덕분에 나는 하나님의 마음을 더 깊이 이해할 수 있었다. 그들을 통해 내 모습을 보고 또 하나님께서 내게 원하시는 게 당신과의 친밀한 관계임을 깨달았다.

또한 나에 대한 기대와 바람을 주 안에서 내려놓으신 부모님께 감사한다. 얼마 전 어머니가 한 달 동안 감기로 고생할 때 자식이 곁에서 보살펴 줬으면 하는 마음이 들 텐데도 전혀 내색을 하지 않았다. 아들의 사역을 축복하고 마음으로 밀어주는 부모님을 통해 나는 내려놓음의 길에 한 걸음 더 나아갈 수 있었다. 동일한 마음으로 딸과 사위의 사역을 마음으로 든든히 후원해 주시는 장인, 장모님께 감사한다.

아울러 내려놓음의 길을 함께 걷는 동지이자 늘 넓은 아량으로 내 사역을 이해해주시는 오병이어선교회의 이용숙 회장님과 윤향숙 이사님에게 감사의 뜻을 전하고 싶다. 또한 우리 부부의 몽골 사역을 위한 모든 정성의 손길들에 감사드린다.

하나님께서 이 땅을 향해 품으신 소망을 함께 나누는 친구이자 내 격려자인 김우현 감독, 몽골까지 와서 사진을 찍어준 이요셉 형제 그리고 김도현 형제를 비롯한 버드나무 식구들에게도 고마움을 전한다. 마지막으로 출판의 기획과 편집 과정에서 관심과 기도와 노력으로 섬겨준 규장의 여진구 대표와 편집부 직원들에게도 깊은 감사를 드린다.

앞으로 하나님께서 내 내려놓음을 누구를 위해 어떤 방식으로 사용하실지 알 수 없다. 이제 이 이야기를 내 손에서 놓아 흘려보낸다. 어떤 열매를 맺을지는 하나님만이 아실 것이다.

내려놓음

초판   1쇄 발행 2006년 3월 7일
초판 389쇄 발행 2020년 9월 29일
개정판 1쇄 발행 2021년 4월 9일
개정판 11쇄 발행 2024년 12월 16일

지은이   이용규

펴낸이   여진구
책임편집   김아진 정아혜
편집   이영주 박소영 최현수 구주은 안수경 김도연
책임디자인   마영애 | 노지현 조은혜 정은혜
홍보 · 외서   진효지
마케팅   김상순 강성민   마케팅지원   최영배 정나영
제작   조영석 허병용   경영지원   김혜경 김경희

303비전성경암송학교 유니게 과정
이슬비전도학교 / 303비전성경암송학교 / 303비전꿈나무장학회

펴낸곳   규장

주소 06770 서울시 서초구 매헌로 16길 20(양재2동) 규장선교센터
전화 02)578-0003   팩스 02)578-7332
이메일 kyujang0691@gmail.com   홈페이지 www.kyujang.com
페이스북 facebook.com/kyujangbook   인스타그램 instagram.com/kyujang_com
카카오스토리 story.kakao.com/kyujangbook
등록일 1978.8.14. 제1-22

ⓒ 저자와의 협약 아래 인지는 생략되었습니다.
이 출판물은 저작권법에 의해 보호를 받는 저작물이므로 무단 전재와 무단 복제를 할 수 없습니다.

책값   뒤표지에 있습니다.
ISBN 979-11-6504-195-3 03230

규 | 장 | 수 | 칙

1. 기도로 기획하고 기도로 제작한다.
2. 오직 그리스도의 성품을 사모하는 독자가 원하고 필요로 하는 책만을 출판한다.
3. 한 활자 한 문장에 온 정성을 쏟는다.
4. 성실과 정확을 생명으로 삼고 일한다.
5. 긍정적이며 적극적인 신앙과 신행일치에의 안내자의 사명을 다한다.
6. 충고와 조언을 항상 감사로 경청한다.
7. 지상목표는 문서선교에 있다.

하나님을 사랑하는 자 곧 그의 뜻대로 부르심을 입은 자들에게는 모든 것이 合力하여 善을 이루느니라(롬 8:28)

ecpa Member of the
Evangelical Christian
Publishers Association

규장은 문서를 통해 복음전파와 신앙교육에 주력하는 국제적 출판사들의
협의체인 복음주의출판협회(E.C.P.A:Evangelical Christian Publishers
Association)의 출판정신에 동참하는 회원(Associate Member)입니다.